Deutschland von 1871 bis 1945

Inhaltsverzeichnis

Vorwort

Geschichte zu unterrichten ist oft nicht leicht. Viele verbinden damit ein ödes Auswendiglernen von Geschichtsdaten und Namen. Dass Geschichte durchaus interessant sein kann, können sich viele oft nicht vorstellen. Meines Erachtens kann man aber Schülerinnen und Schülern mit geschichtlichen Themen viele Dinge erklären, mit denen sie heute zu tun haben und die für sie alltäglich sind. Nehmen wir ein einfaches Beispiel:

Jeder Schüler hat meist eine eigene Krankenversicherungskarte. Und viele denken, dass das System der Krankenversicherung noch nicht allzu alt ist. Wenn sie dann erfahren, seit wann es die ersten Sozialversicherungen gibt und warum sie überhaupt eingeführt wurden – erst dann kann für Schüler das Lernen geschichtlicher Inhalte einen Sinn und Bedeutung haben.

Wenn man dann noch erfährt, dass der Urheber dieser Gesetze – Otto von Bismarck – für die Gründung des zweiten deutschen Kaiserreiches verantwortlich war und nach der Reichsgründung innenpolitisch viele Veränderungen vornahm, so können bei der Behandlung dieser Inhalte wieder aktuelle Vergleiche mit der heutigen Zeit vorgenommen werden. Beispielsweise die Einführung einer einheitlichen Währung und einheitlicher Gesetze.

Die Schrecken des Ersten Weltkrieges und seine Folgen, beispielsweise die Gründung vieler neuer Staaten, werden in dieser Mappe ebenso behandelt wie die Zeit des Nationalsozialismus. Mit entsprechend gestalteten Arbeitsblättern soll den Schülerinnen und Schülern gezeigt werden, mit welchen Mitteln die Nationalsozialisten an die Macht gekommen sind und wie sie dann Schritt für Schritt die Menschen im eigenen Land entrechtet und gleichgeschaltet haben. Der Zweite Weltkrieg und seine Folgen werden ebenso behandelt.

Je nach Bedarf können die Arbeitsblätter als Ergänzung zum Geschichtsbuch verwendet werden, oder auch abgekoppelt für sich allein. Hinweise zu verschiedenen Internetseiten ermöglichen es den Schülerinnen und Schülern, geschichtliche Inhalte zu recherchieren.

Da die Fülle der geschichtlichen Ereignisse den Umfang dieser Mappe „sprengen“ würde, wurden nicht alle Vorkommnisse der Geschichte in dieser Mappe berücksichtigt. Wir bitten das bei der Verwendung dieser Mappe zu berücksichtigen.

Jens Eggert

Diese Mappe ist all denen gewidmet, die sich für den Frieden in Europa und der Welt eingesetzt haben und es noch werden, sowie all den unschuldigen Opfern von Kriegen, denen ein Leben in Frieden nicht vergönnt war.

Name:	Datum:	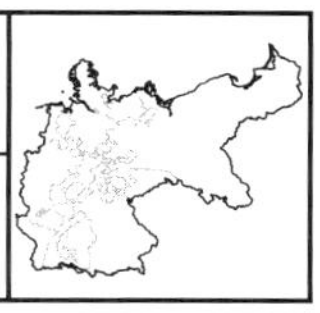
Imperialismus: Deutschland in Europa ab 1871		

Deutschland in Europa ab 1871

Im Gegensatz zu Ländern wie Frankreich, Spanien oder Großbritannien war Deutschland mehrere Jahrhunderte lang in viele große, mittlere und kleine Herrschaftsgebiete unterteilt. Über 100 verschiedene Fürsten herrschten in den deutschen Kleinstaaten. Erst durch den französischen Kaiser Napoleon, der mit seiner Politik und seinen Kriegen ein „bisschen Ordnung" in den „deutschen Flickenteppich" brachte, reduzierte sich die Anzahl der Herzogtümer und Königreiche in Deutschland auf ein überschaubares Maß.

Nach dem Deutsch-Französischen Krieg von 1870/71, den die miteinander verbündeten deutschen Staaten gewannen, wurde – sehr zum Ärger der Franzosen – im Spiegelsaal von Schloss Versailles bei Paris das 2. deutsche Kaiserreich ausgerufen. Dabei wurde **König Wilhelm I.** von Preußen von den deutschen Fürsten zum Kaiser des neuen Kaiserreiches gewählt.

Mit der Reichsgründung musste das besiegte Frankreich das Gebiet **Elsass-Lothringen** an das Deutsche Reich abtreten.

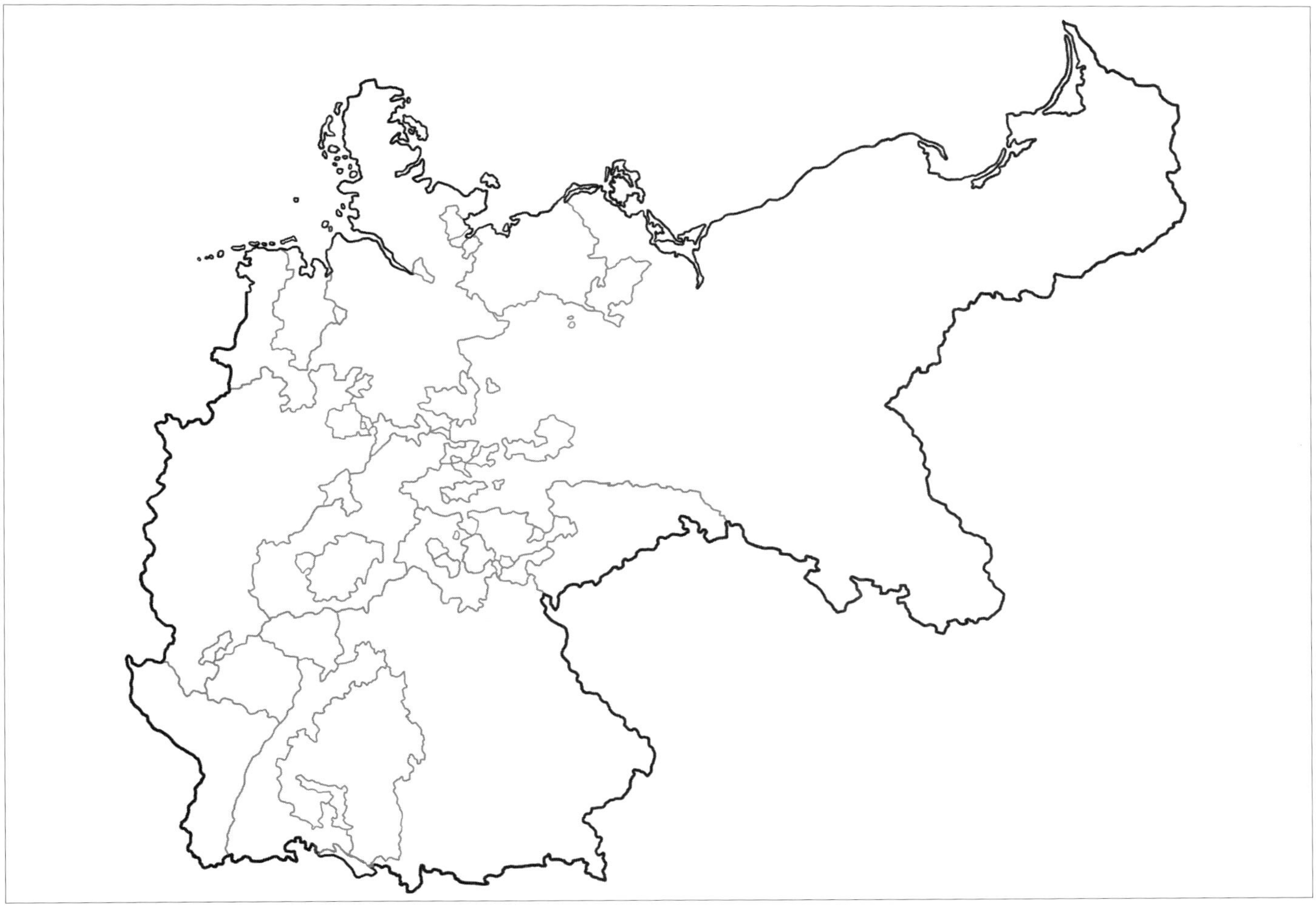

Male die vier Königreiche mit verschiedenen Farben an. Schau in einem Geschichtsbuch oder im Internet nach, welche Gebiete zu welchem Königreich gehören.
Überlege dir, warum gerade der König von Preußen zum deutschen Kaiser gewählt wurde und nicht ein anderer König oder Herzog aus Deutschland.

____

____

____

Name:	Datum:
Imperialismus: Die Gründung des 2. deutschen Kaiserreiches 1871 – Teil 1	

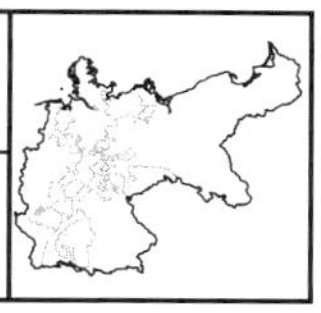

Bismarck.

Die Gründung des 2. deutschen Kaiserreiches 1871

Deutschland war bis zur Gründung des 2. deutschen Kaiserreiches im Jahr 1871 nur ein loser Bund von mehreren deutschen Königreichen, Fürstentümern, Herzogtümern, Großherzogtümern und Freien Städten (Freie Hansestädte + Reichsstädte).

Das letzte deutsche Kaiserreich, das von 800 bis 1806 existierte (___bestand___), wurde vom französischen Kaiser Napoleon Bonaparte, der damals zu seiner Zeit der mächtigste Mann in Europa war, zerstört. Die **Gründung des neuen deutschen Kaiserreiches** im Jahr 1871 ist dem deutschen Politiker **Otto von Bismarck** zu verdanken, der 1862 vom preußischen König Wilhelm I. zum Ministerpräsidenten ernannt wurde. Fast 30 Jahre lang bestimmte er die Geschicke des Königreiches Preußen, Deutschlands und Europas.

Bismarcks politische Ziele waren:

- Schaffung eines starken preußischen Königreiches innerhalb Deutschlands.
- Ausschaltung der politischen Macht von Österreich-Ungarn, notfalls durch einen Krieg.
- Die Schaffung eines neuen deutschen Kaiserreiches unter preußischer Führung.
- Nach der Gründung eines neuen Kaiserreiches Wahrung des Friedens in Europa durch eine wirksame Bündnispolitik.

Otto von Bismarck erwies sich als geschickter „Taktierer", wenn es darum ging, seine Ziele zu verfolgen. Oft waren die große Mehrheit des Volkes sowie die Königin und der Kronprinz gegen ihn, doch König Wilhelm I. stand stets auf seiner Seite. So konnte er seine Vorhaben durchsetzen und durch drei, von ihm provozierte (___verursachte___) Kriege, kam es im Jahr 1871 zur Gründung des neuen deutschen Kaiserreiches.

- 1864 provozierte er einen Krieg mit dem Königreich Dänemark, wobei dem Königreich Preußen das Kaiserreich Österreich-Ungarn als Verbündeter zur Seite stand.
- 1866 kam es zum „Bruderkrieg" Preußen gegen Österreich-Ungarn, den die Preußen gewannen.
- Durch die Eingliederung des Königreiches Hannover, des Herzogtums Nassau, des Kurfürstentums Hessen und der Freien Reichsstadt Frankfurt im Jahr 1866 in das Königreich Preußen wurde Preußen zum größten und mächtigsten Königreich innerhalb der deutschen Staaten.
- Bismarck brachte schließlich noch die süddeutschen Staaten – die Königreiche Bayern und Württemberg sowie die Großherzogtümer Baden und Hessen – dazu, mit Preußen ein „Schutz- und Trutzbündnis" zu schließen, um sich im Falle eines Krieges mit Frankreich militärisch gegenseitig zu helfen.
- 1870 kam es schließlich zum Krieg gegen Frankreich. Der Anlass war ein diplomatischer Streit mit Frankreich, den Bismarck für sein Ziel geschickt ausgenutzt hatte. Alle deutschen Staaten stellten Soldaten für den Krieg gegen den „Erzfeind" Frankreich, der Ende Januar 1871 mit der Kapitulation (___Niederlage + Aufgabe___) Frankreichs endete.

Unterstreiche im Infotext die wichtigsten „Aktionen", mit denen Bismarck seine politischen Ziele verfolgte und erreichte.

Name: | Datum:

Imperialismus: Die Gründung des 2. deutschen Kaiserreiches 1871 – Teil 2

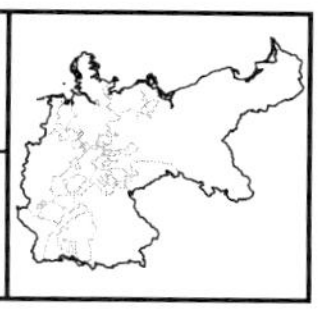

Die Gründung des 2. deutschen Kaiserreiches 1871

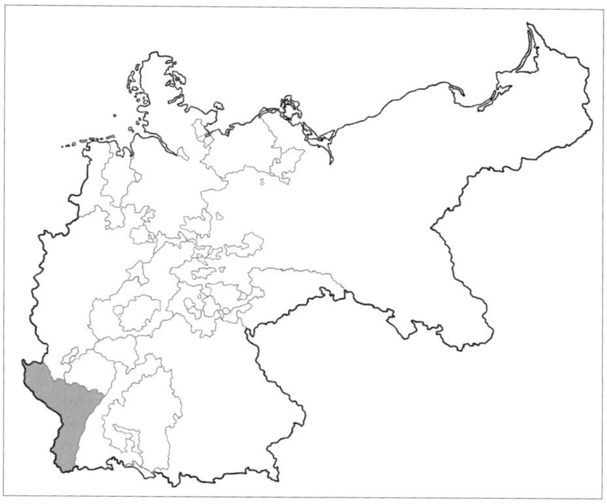

Nach dem Sieg der verbündeten deutschen Staaten gegen Frankreich kam es nach der Kapitulation Frankreichs am 18. Januar 1871 im Spiegelsaal von Schloss Versailles bei Paris zur Neugründung des deutschen Kaiserreiches. Der preußische **König Wilhelm I.** wurde von den versammelten Fürsten Deutschlands und führenden Militärs zum **deutschen Kaiser** ausgerufen. Die Fürsten waren meist an den Schärpen zu erkennen. **Bismarck** wurde **Reichskanzler** des neuen Kaiserreiches.

Doch damit nicht genug. Das deutsche Kaiserreich nahm dem besiegten Frankreich das Gebiet Elsass-Lothringen ab, das bis 1681 von König Ludwig XIV. schrittweise besetzt und dem französischen Staatsgebiet einverleibt wurde. Da Elsass-Lothringen kulturell „deutsch" geprägt war, die Menschen sprachen dort einen deutschen Dialekt, war das ein Grund, Frankreich dieses Gebiet abzunehmen.

Kaiser Wilhelm I. | Bismarck

Das neue deutsche Kaiserreich erhielt auch eine neue Flagge. Sie war eine Mischung aus den Farben des Hauses Preußen/Hohenzollern (schwarz/weiß) und der freien Hansestädte (rot/weiß). Oben schwarz, in der Mitte weiß, unten rot.

Male die Flagge entsprechend aus.

Flagge des deutschen Kaiserreiches

Zähle nochmals die wichtigsten Punkte auf, die Bismarcks politische Ziele bis zur Reichsgründung des 2. deutschen Kaiserreiches waren.

- Stärkung des Königreichs Preußens innerhalb Deutschlands
- Ausschaltung der politischen Macht Österreich-Ungarns innerhalb Deutschlands, notfalls durch einen Krieg
- Schaffung eines neuen deutschen Kaiserreiches unter der Führung Preußens
- Einführung einer wirksamen Bündnispolitik nach der Gründung des Kaiserreiches

Name:	Datum:	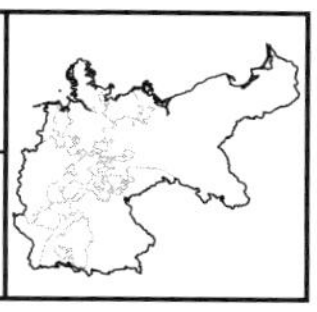
Die Innenpolitik des Reichskanzlers Otto von Bismarck		

Bismarcks Innenpolitik

Nachdem 1871 das neue deutsche Kaiserreich gegründet war, kümmerte sich der Reichskanzler Otto von Bismarck um viele wichtige Neuerungen und Änderungen, damit alle Königreiche, Herzogtümer und alle bisher unabhängigen Herrschaftsgebiete innerhalb des Reiches nun „gleich" wurden. Jeder Bürger des Kaiserreiches sollte beispielsweise überall mit der **gleichen Währung** bezahlen können. Deshalb wurden die vorher gültigen acht verschiedenen Währungen abgeschafft und eine einheitliche Währung, die deutsche Mark, eingeführt.

Auch bei den Maßeinheiten kam es nun darauf an, dass alle Betriebe in Handwerk und Industrie mit den gleichen Längenmaßen und Gewichten arbeiteten.

Ebenso geht das bei uns heute bekannte Bürgerliche Gesetzbuch auf Initiative Otto von Bismarcks zurück. Er ließ in Deutschland ein einheitliches Rechtssystem einführen, damit die Bürger sich darauf verlassen konnten, überall im Kaiserreich die gleichen Gesetze vorzufinden.

Um den Zulauf der Arbeiterschaft auf die Arbeitervereine zu „bremsen", führte er zwischen den Jahren 1883 bis 1889 die sogenannten „**Arbeiterschutzgesetze**" ein. Die Einführung der **Krankenversicherung, Unfallversicherung** und des **Invaliden- und Altersversicherungsgesetzes**, die damals vor über 100 Jahren in Europa einmalig waren, sollte den Menschen mehr soziale Sicherheit geben.

Um sich vor Handelswaren ausländischer Konkurrenz zu schützen, führte er zusätzlich hohe **Schutzzölle** ein. Sie sollten dafür sorgen, dass die ausländischen Produkte teurer wurden und die Menschen im Kaiserreich die Waren einheimischer Firmen kauften.

Aufgaben:

1) Zähle nochmals die wichtigsten Veränderungen in Bismarcks Innenpolitik auf und überlege, welche Vorteile diese der Bevölkerung brachten.

Einführung von ...	Vorteile für die Bevölkerung
gleicher Währung	
gleichen Maßeinheiten	
gleichen Gesetzen	
Arbeitsschutzgesetzen	
Schutzzöllen	

2) Überlege dir, welche Veränderungen von Bismarcks Innenpolitik noch heute ihre Gültigkeit haben.

Abgesehen von den Schutzzöllen (die es nur noch auf EU-Ebene gibt) haben alle anderen Veränderungen noch heute mehr oder weniger ihre Gültigkeit.

3) Überlege dir, welche ähnlichen Veränderungen es in der Politik heute innerhalb der Europäischen Union (EU) gibt. Zähle möglichst viele auf.

Einheitliche Währung € Euro, viele EU-Gesetze, die im EU-Raum gelten, gleiche Dokumente (EU-Führerschein, EU-Pass, ...)

Name: Datum:

Infotext: Bismarcks Sozialpolitik

Bismarcks Sozialpolitik von 1883 bis 1889

Jeder Bürger unseres Staates genießt heute die Vorzüge unseres Sozialsystems, dass jeder Mensch bei Krankheit, Unfall und im Alter nach Möglichkeit angemessen ver-sorgt ist. Die Wenigsten wissen aber, dass diese Sozialgesetze schon über 100 Jahre alt sind und auf Bestreben des Reichskanzlers des 2. deutschen Kaiserreiches, Otto von Bismarck, eingeführt wurden. Bismarck hatte diese „Arbeiterschutzgesetze“ in den Jahren 1883 bis 1889 erlassen. Diese Sozialpolitik war damals auf der Welt einmalig, denn bis dahin trug jeder Mensch auf der Welt für sich selbst die Verantwortung, für den Fall von Krankheit, Unfall oder für das Alter vorzusorgen.

Der Grund für die Einführung dieser Gesetze war aber nicht die „Liebe des Staates und des Kaisers“ zu seinem Volk, sondern die zunehmende Veränderung der Gesellschaft in der damaligen Zeit. Nach der Gründung des zweiten deutschen Kaiserreiches 1871 wurden immer mehr Industriebetriebe in Deutschland gegründet, die natürlich viele Arbeiter anstellten. Immer mehr Menschen, die vorher in der Landwirtschaft tätig waren, suchten ihr Glück in den größer werdenden Städten. Das Problem der neuen „Arbeiterschicht“ war, dass niemand sozial abgesichert war. Wurde man krank oder hatte man einen Unfall, musste man die Kosten für Arzt und Medikamente, die sich kaum einer leisten konnte, selbst aufbringen. Fehlte man deshalb bei der Arbeit, wurde man oft gekündigt, denn es gab ja genügend andere Menschen, die die einfache aber harte Arbeit erledigen konnten. War man zu alt, um die harte Arbeit weiter durchführen zu können, wurde man entlassen.

Die Folge war, dass die Arbeiter zu Recht immer unzufriedener wurden und ab 1863 „Arbeitervereine“ gründeten. Das Ziel dieser Arbeitervereine war, politische Macht zu erringen, um das Elend der Arbeiter zu beseitigen. 1875 wurde die Sozialdemokratische Arbeiterpartei gegründet, die bereits im Jahr 1877 zwölf Abgeordnete in den Deutschen Reichstag schicken konnte.

Otto von Bismarck misstraute dieser Arbeiterpartei und versuchte, mit allen möglichen neu eingeführten Gesetzen diese Partei und ihre Anhänger zu bekämpfen und zu verbieten. Da dies aber nicht gelang wurden die betreffenden Gesetze im Jahr 1890 wieder abgeschafft. In diesem Jahr wurde dann die Sozialdemokratische Partei Deutschlands (SPD) gegründet.

Bismarck hoffte, durch die Einführung von neuen Sozialgesetzen die Arbeiter mehr an den Staat zu binden und die Arbeiterpartei zu schwächen. Trotz großer Widerstände im Land führte er im Jahre 1883 ein Krankenversicherungsgesetz ein, 1884 folgte ein Unfallversicherungsgesetz und 1889 ein Invaliden- und Altersversicherungsgesetz, das wir heute einfach „Rentenversicherung“ nennen. Mithilfe dieser Gesetze wurde erstmals auf der Welt der ärgste Druck auf Arbeiter in möglichen Notzeiten genommen. Die Kosten für diese Versicherungen wurden damals auf die Arbeitnehmer, die Arbeitgeber und den Staat verteilt.

Glashütte ©akg-images

Name:	Datum:
Arbeitsaufgaben zu „Bismarcks Sozialpolitik“	

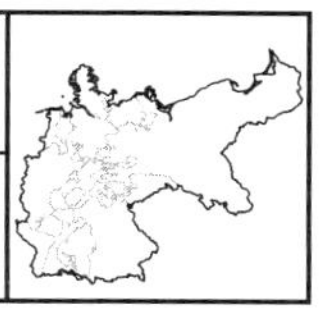

Aufgaben zum Text:

1) Nenne die drei verschiedenen „Arbeiterschutzgesetze“, die Bismarck einführte. Schreibe auch dazu, in welchem Jahr diese Gesetze eingeführt wurden.

2) Wer trug damals die Kosten für diese neu eingeführten Sozialgesetze?

3) Wie war die soziale Lage der Arbeiter vor der Einführung der „Arbeiterschutzgesetze“? Zähle auf, was normalerweise passierte, wenn jemand krank wurde, einen Unfall hatte oder zu alt zum Arbeiten war.

4) Was war das Ziel der „Arbeitervereine“, die ab 1863 gegründet wurden?

5) Welche deutsche Partei, die es noch heute im Bundestag gibt, wurde in der Amtszeit von Otto von Bismarck gegründet? (Nenne das Jahr, den vollständigen Namen und die Abkürzung der Partei.)

Name:	Datum:
Imperialismus: Die Außenpolitik des Reichskanzlers Otto von Bismarck	

Die Außenpolitik des Reichskanzlers Otto von Bismarck

Bismarcks wichtigstes Ziel zur Sicherung des deutschen Kaiserreiches war die Vermeidung von Kriegen mit den anderen mächtigen Staaten Europas. Jedes Land war darauf bedacht, die anderen Staaten in Europa nicht zu überlegen werden zu lassen. Deshalb war es auch für Bismarck wichtig, militärisch starke Verbündete zu finden. Außerdem versuchte er durch „Nichtangriffspakte“, die Neutralität bestimmter Staaten zu erreichen.

- **1879** schließen Deutschland und Österreich-Ungarn einen **Beistandspakt** („Zweibund“). Dieser verpflichtet die beiden Vertragspartner, sich gegenseitig militärisch zu helfen, sollte ein Staat von Russland angegriffen werden.
- **1882** tritt Italien dem „Zweibund“ bei, da sich Italien und Frankreich über die Kolonialpolitik in Nordafrika nicht ganz einig sind. Aus dem „Zweibund“ war ein „Dreibund“ geworden.
- **1883** schließt sich Rumänien dem „Dreibund“ an, da es sich von Russland bedroht fühlt.
- **1887** schließt Bismarck mit dem Kaiserreich Russland ein Geheimabkommen ab, den sogenannten „Rückversicherungsvertrag“. Bei diesem **Nichtangriffspakt** sichern sich beide Länder eine wohlwollende **Neutralität** für die folgenden Fälle zu: Sollte Russland von Österreich-Ungarn angegriffen werden, mischt sich das Deutsche Reich nicht ein, oder sollte das Deutsche Reich von Frankreich angegriffen werden, muss sich Russland ruhig verhalten.
- Im Laufe der Jahre kommen sich England und Frankreich näher, um ein Gegengewicht gegen das immer stärker werdende Deutsche Reich zu bilden, obwohl beide Länder im Bereich der Kolonialpolitik starke Konkurrenten sind.

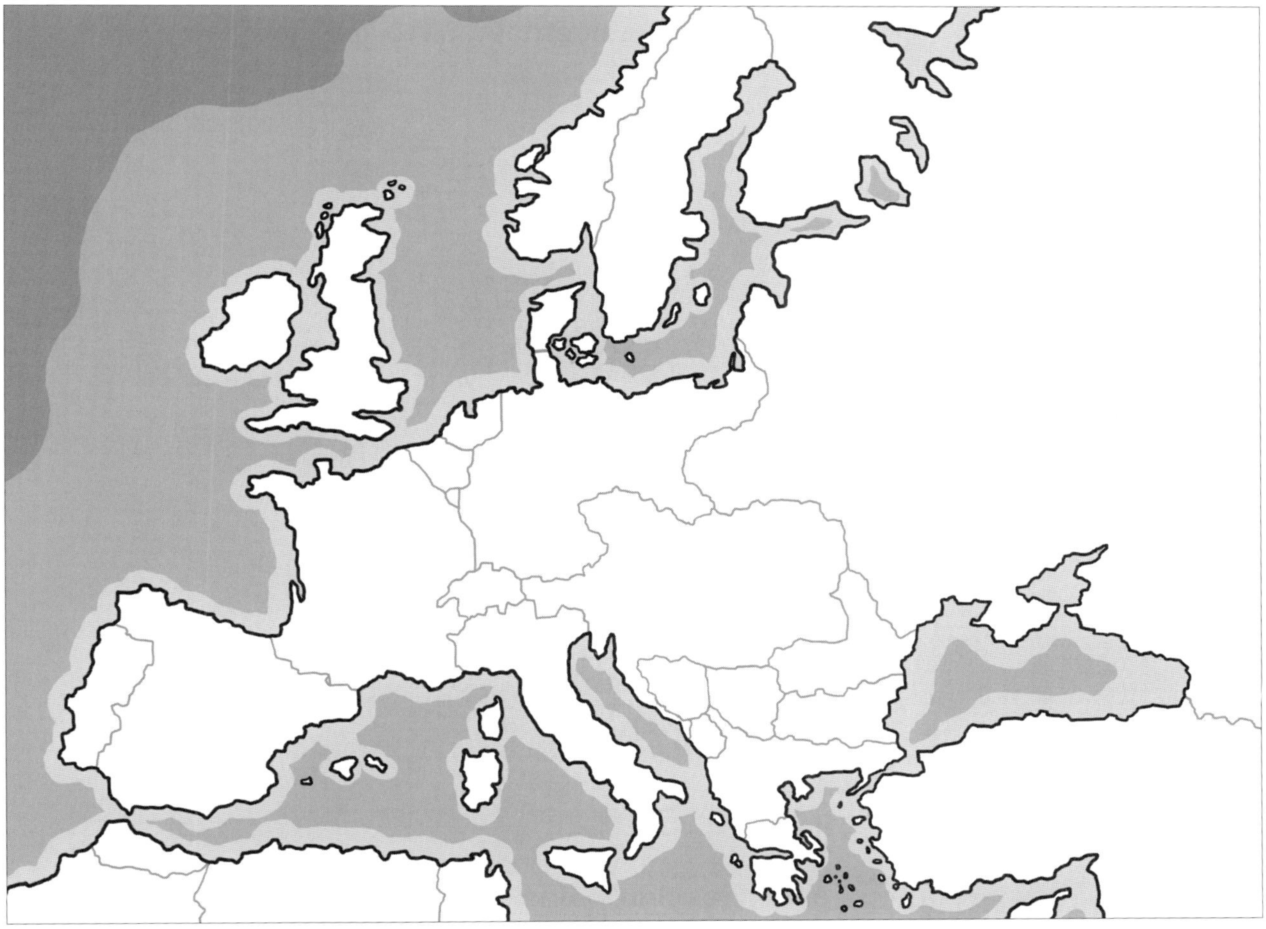

Male Deutschland und seine Verbündeten blau an. Male Russland als „neutralen“ Staat grün, sowie England und Frankreich rot an.

Name:	Datum:	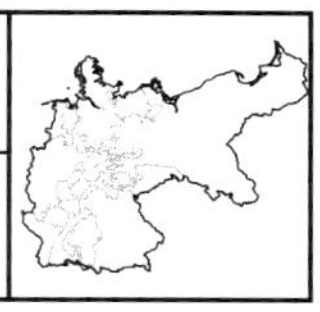
Imperialismus: Bismarcks Einfluss in Deutschland bis 1890		

Bismarcks Einfluss in Deutschland bis 1890

Wir erinnern uns: Als Otto von Bismarck preußischer Ministerpräsident wurde, war sein Hauptziel die Stärkung des Königreichs ___Preußen___ innerhalb der vielen deutschen Staaten, sowie die Gründung des zweiten ___deutschen Kaiserreiches___ mit dem preußischen König als ___Kaiser___. Dieses Ziel gelang ihm durch mehrere geschickte „Schachzüge“. Dazu provozierte er aber auch drei ___Kriege___ gegen Dänemark, Österreich-Ungarn und Frankreich. Nach dem Krieg gegen ___Frankreich___, bei dem alle deutschen Staaten gemeinsam gegen den damaligen „Erzfeind“ kämpften, wurde am 18. Januar 1871 im Spiegelsaal von Schloss ___Versailles___ bei Paris das deutsche Kaiserreich gegründet. Der preußische König Wilhelm I. wurde zum deutschen Kaiser ausgerufen und Bismarck wurde der erste ___Reichskanzler___ dieses Reiches.

Mit der Gründung des Deutschen Reiches gab es nun fünf ___Großmächte___ in Europa: Frankreich, Großbritannien, Russland, Österreich-Ungarn und Deutschland.

Nach der Reichsgründung waren Bismarcks Ziele die Festigung Deutschlands als neue Großmacht in Europa und wichtige wirtschaftliche und politische Änderungen innerhalb Deutschlands. Unter Bismarck wurde in Deutschland eine einheitliche ___Währung___, die Mark, eingeführt. Ebenso einheitliche ___Maßeinheiten___ wie Liter, Meter und Kilogramm, damit überall im Reich jeder mit den gleichen Maßen arbeiten und rechnen konnte. Um einen sozialen Frieden mit der immer größer werdenden Arbeiterschaft zu erreichen, führte er die noch heute gültige Sozialgesetzgebung ein. Hierzu gehören für das Alter die ___Altersversicherung___, für den Fall eines Unfalls bei der Arbeit die ___Unfallversicherung___ sowie die ___Krankenversicherung___.

Außenpolitisch versuchte er, Deutschland durch eine geschickte ___Bündnispolitik___ vor Kriegen zu bewahren. Bismarck ist auch dafür verantwortlich, dass Deutschland fremde Gebiete als ___Kolonien___ in Afrika und in der Südsee erwarb.

Bismarcks Ende kam im Jahr 1890, als ihn der neue Kaiser Wilhelm II. entließ. Grund waren die unterschiedlichen innen- und außenpolitischen Ansichten.

Ergänze den Lückentext.

Reichskanzler	*Versailles*	*Kaiser*	*Währung*	*Unfallversicherung*	*Bündnispolitik*
Preußen	*Kolonien*	*deutschen Kaiserreiches*		*Krankenversicherung*	*Maßeinheiten*
Frankreich	*Altersversicherung*	*Kriege*	*Großmächte*		

Name:	Datum:
Imperialismus: Das Ende der „Ära Bismarck“	

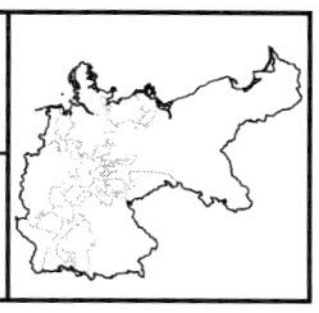

Das Ende der „Ära Bismarck“

Otto von Bismarck war ein Politiker, der die deutsche Geschichte fast 30 Jahre lang, von 1862 bis 1890, entscheidend beeinflusste. Doch 1888 kam dann langsam das Ende der Ära Bismarck. Grund war, dass Kaiser Wilhelm I. im Alter von 91 Jahren gestorben war; dessen Sohn Friedrich III. bestieg als todkranker Mann den Thron und regierte nur 99 Tage. Es folgte sein Sohn, der als Kaiser Wilhelm II. das Deutsche Reich in seinem Größenwahn zielsicher in den Ersten Weltkrieg führte.

„Der Lotse geht von Bord“ ©akg-images

Wilhelm II. wollte nicht „im Schatten“ des berühmten Kanzlers stehen und sich dessen politischen Ideen unterordnen. Als Kaiser betonte er, dass „er allein Herr im Reich ist und keinen anderen duldet!“ Der junge Kaiser und Otto von Bismarck gerieten bezüglich des richtigen innen- und außenpolitischen Kurses Deutschlands immer öfter in Streit. 1890 kam es zum Bruch zwischen dem Kanzler und dem Kaiser. Wilhelm II. entließ Otto von Bismarck und beschloss, fortan selbst die wichtigen Entscheidungen zu treffen. So erneuerte er beispielsweise den sogenannten „Rückversicherungsvertrag“ mit Russland nicht, der ein wichtiger Nichtangriffspakt für Deutschland war. Diese und andere (Fehl-)entscheidungen des neuen Kaisers läuteten das Ende der bismarckschen Politik ein, die auf die Sicherheit Deutschlands und den Erhalt des Friedens in Europa ausgelegt war.

Welcher Gefahr war Deutschland nun ausgesetzt?

____

____

____

Schau dir die beiden Karikaturen englischer Zeitungen genau an und überlege, was die Zeichner mit diesen Bildern wohl ausdrücken wollten.

©akg-images

____

____

____

____

____

____

____

____

____

____

Name:	Datum:
Imperialismus: Deutschlands Kolonialpolitik von 1884 bis 1900	

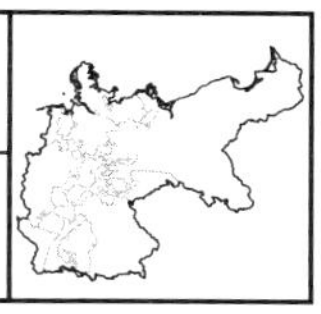

Deutschlands Kolonialpolitik von 1884 bis 1900

Nachdem Otto von Bismarck durch seine verschiedenen Bündnisse den Frieden in Europa gesichert meinte, wandte er sich der Kolonialpolitik zu. Seit der Entdeckung Amerikas im Jahr 1492 waren Spanien und Portugal zu großen Reichtümern gekommen. Ebenso hatten Großbritannien, Frankreich und Russland sich in Amerika, Afrika und Asien ein großes Kolonialreich aufgebaut. Nun wünschte auch Deutschland, etwas von dem „großen Kuchen" abzuhaben. Bismarck versuchte, sich dabei nicht die Feindschaft Großbritanniens zuzuziehen, da dieses Land über die größte Kriegsflotte der Welt verfügte.
Im Jahr 1884 wurden die Kolonien Deutsch-Südwestafrika, Kamerun und Togo erobert. 1885 kam die besonders wertvolle Kolonie Deutsch-Ostafrika hinzu. Im Pazifischen Ozean sicherte sich Deutschland einen Großteil der Insel Neuguinea, sowie viele kleinere Inseln wie Samoa, die Marshall-Inseln, die Karolinen sowie das Bismarck-Archipel. Zum Schluss gelang es noch im Jahr 1900, mit China einen Pachtvertrag über die Stadt Kiautschou als Handelsstützpunkt am Gelben Meer für die Dauer von 99 Jahren abzuschließen.

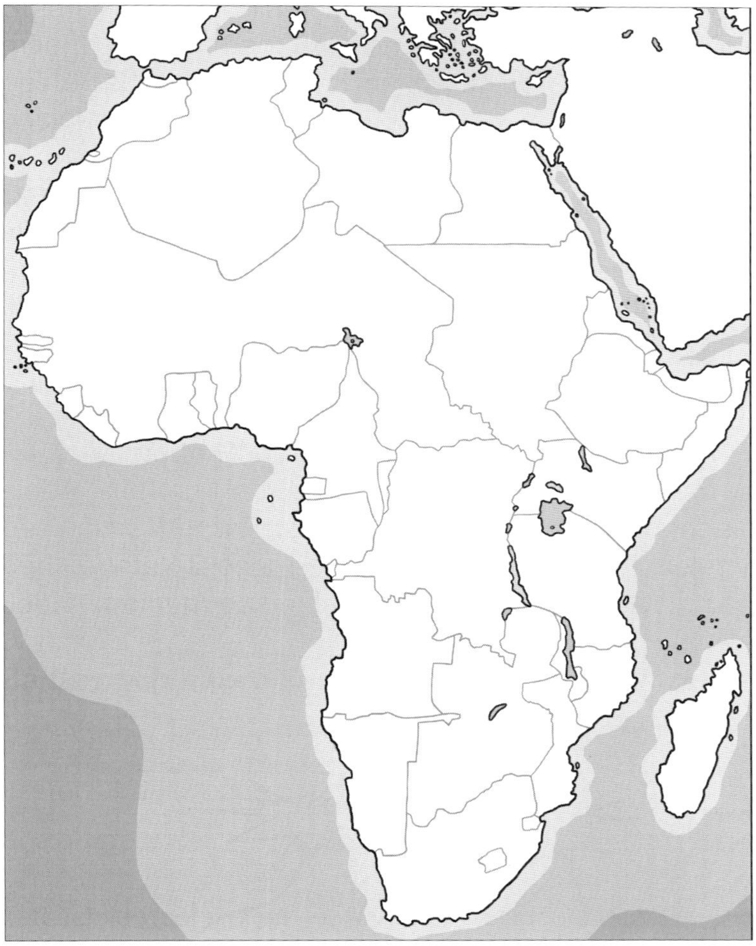

Male die kolonialen Besitzungen der folgenden europäischen Länder aus.

Deutschland – blau
Großbritannien – rot
Frankreich – grün
Spanien – gelb
Portugal – orange
Italien – lila
Belgien – pink

Deutschlands Kolonien in Afrika grenzten an Kolonien anderer europäischer Mächte. Der Kampf um Kolonialgebiete führte immer wieder zu Spannungen zwischen den europäischen Kolonialmächten.

Welche Kolonialgebiete von europäischen Staaten grenzten an deutsche Kolonien?

An Deutsch-Südwestafrika grenzten die Kolonien von ____________________

____

____

____

An Deutsch-Ostafrika grenzten die Kolonien von ____________________

____

An Kamerun und Togo grenzten die Kolonialgebiete von ____________________

____

____

____

Name:	Datum:	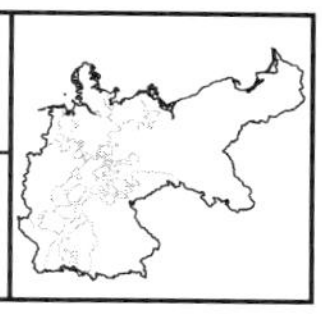
Imperialismus: Gründe für den Kolonialismus der Europäer		

Gründe für den Kolonialismus der Europäer

Die Gründe, warum die Europäer sich fast die ganze Welt als Kolonialreich einverleibten, waren vielfältig.

Als die Spanier und Portugiesen begannen, die neu entdeckten Länder in Amerika zu kolonisieren, ging es in erster Linie darum, die eroberten Gebiete zu besetzen und alle wichtigen Rohstoffe wie Gold und Silber sowie andere wertvolle Materialien auszubeuten. Nebenbei sollten die Ureinwohner der neu entdeckten Gebiete „missioniert" werden. Das heißt, alle Menschen sollten sich zum Christentum bekennen. Mit der Besetzung der eroberten Gebiete wurde auch die Macht der Europäer größer. Vielfach wurden die Menschen in den eroberten Gebieten als billige Arbeitskräfte ausgebeutet.

©akg-images

©akg-images

Durch den industriellen Aufschwung – zuerst in Großbritannien, später folgten die anderen größeren europäischen Länder – benötigten die Europäer mehr Rohstoffe, die es im eigenen Land nicht oder nur in geringen Mengen gab. So benötigten beispielsweise die Spinnereibetriebe Unmengen von Baumwolle und Wolle. Die aufkommende Elektroindustrie brauchte Kupfer. Benzinmotoren verbrauchten Erdöl. Aber auch Gummi, Farbstoffe, Holz, Gold und Diamanten wurden in fernen Erdteilen gesucht. Um die Fundstellen ausbeuten zu können, nahmen die Europäer die betreffenden Länder in Amerika, Afrika und Asien für sich in Besitz.

Dieses Verhalten der europäischen Staaten, sich große **Herrschafts**- und **Einflussgebiete** außerhalb des eigenen Landes zu schaffen, wird „**Imperialismus**" genannt.

Trage in dieses Schaubild die wichtigsten Stichpunkte für den Imperialismus der Europäer ein.

Gründe für den Imperialismus der Europäer

- Billige Arbeitskräfte
- Industrieller Aufschwung in Europa
- Ausbeutung von Rohstoffen
- Missionierung der Ureinwohner
- Vergrößerung des Landbesitzes
- Vergrößerung des Einflussgebietes
- Vergrößerung der Macht gegenüber anderen Staaten

Name:	Datum:
Imperialismus: Die europäische Kolonialpolitik bis 1914	

Die europäische Kolonialpolitik bis 1914

Fast alle Länder der Welt außerhalb Europas wurden von den Europäern erobert, kolonisiert (in Besitz genommen) und fast ausnahmslos ausgebeutet.

Vor der Entdeckung Amerikas nahmen die Europäer den ________________ Kontinent langsam in ihren Besitz, da dieser einfach mit Schiffen zu erreichen war.

Ab 1492 eroberten Spanier und Portugiesen den ________________ Kontinent.

Engländer und Franzosen setzten sich später in ________________ fest.

Die russischen Herrscher begannen schon seit dem 16. Jahrhundert, ihr Reich auszudehnen. Zuerst orientierten sie sich in östlicher Richtung und eroberten schrittweise den heutigen ________________ Teil Russlands, der östlich des Uralgebirges liegt. Dann folgten Eroberungen sowohl nach Westen, als auch Süden. Im Gegensatz zu den anderen europäischen Kolonialherren besitzt Russland noch heute mehr oder weniger alle seine Eroberungen. Offiziell werden diese Gebiete als eigenständige Republiken oder autonome Gebiete bezeichnet, die aber alle weiterhin unter der Kontrolle Moskaus stehen.

Staaten wie Belgien, die Niederlande, Italien und Deutschland kommen erst später zu Kolonialbesitz. Seit den 1960er-Jahren haben die größten Kolonialmächte England, Frankreich, Portugal, Spanien, Belgien und die Niederlande fast alle ehemaligen Kolonien in die Unabhängigkeit entlassen. Nur noch wenige Gebiete gehören heute noch beispielsweise zu Frankreich (Französisch Guyana in Südamerika) oder die Falklandinseln vor Argentinien zu Großbritannien.

amerikanischen   afrikanischen   asiatischen   Nordamerika

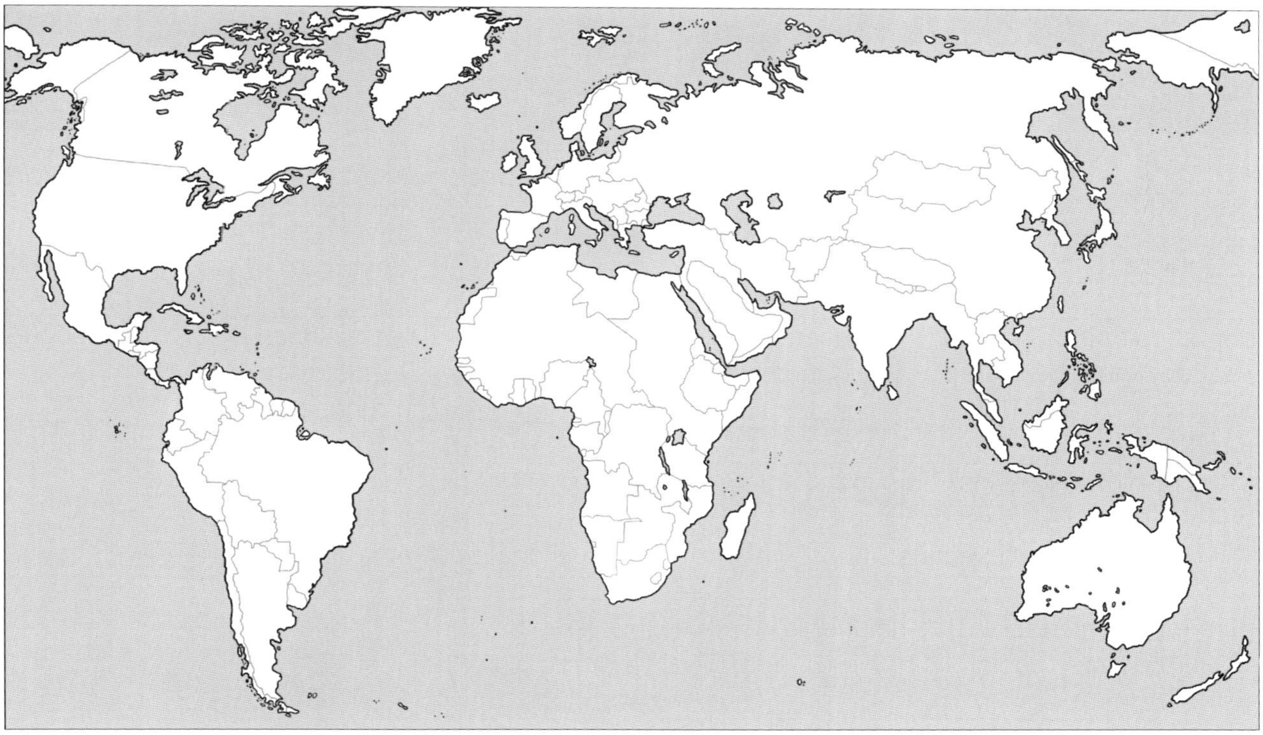

Überlege dir, mit welchen Problemen heute viele ehemalige europäische Kolonialmächte zu kämpfen haben. Schreibe dir hierzu ein paar Punkte auf. ________________

____

____

Name:	Datum:

Geschichtstest Nr. – Deutschland von 1871 bis zum 1. Weltkrieg | **Seite 1**

1) In welchem Jahr wurde das neue deutsche Kaiserreich gegründet? 1871 | 1

2) Gegen wen führten die deutschen Staaten 1870/71 Krieg? Frankreich | 1

3) Wo wurde das deutsche Kaiserreich gegründet? Im Schloss Versailles bei Paris | 1

4) Wer wurde zum deutschen Kaiser ausgerufen? Der preußische König Wilhelm I. | 1

5) Beschreibe, wie das Gebiet Deutschlands vor der Gründung des neuen deutschen Kaiserreichs gegliedert war. Deutschland war kein Nationalstaat. Es war ein loses Bündnis aus mehreren Königreichen, Fürstentümern und Freien Reichs- und Hansestädten.

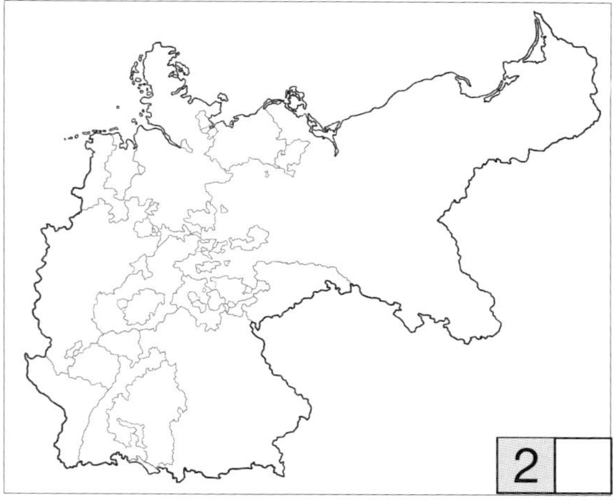

2

6) Zähle die vier Königreiche auf, die es innerhalb des deutschen Kaiserreiches gab.

Preußen, Bayern, Württemberg, Sachsen | 4

7) Wie hieß der preußische Ministerpräsident, der die Gründung des deutschen Kaiserreiches plante und verwirklichte? Otto von Bismarck | 1

8) Lies dir die folgenden Behauptungen durch und überlege, ob diese richtig oder falsch sind.

	richtig	falsch
Wilhelm I. war preußischer Ministerpräsident.		X
Otto von Bismarck bestimmte ab 1862 fast 30 Jahre lang die deutsche Politik.	X	
Bismarcks Ziel war die Schaffung eines starken preußischen Königreiches.	X	
Der König von Bayern wurde zum deutschen Kaiser ausgerufen.		X
Bismarck provozierte drei Kriege, bis das Kaiserreich gegründet wurde.	X	
Das deutsche Kaiserreich bestand aus mehreren Fürstentümern und Königreichen.	X	
Vor der Reichsgründung führten die deutschen Staaten Krieg gegen Russland.		X
Das deutsche Kaiserreich wurde auf der Burg Hohenzollern ausgerufen.		X
Nach der Reichsgründung wurde Bismarck der erste deutsche Reichskanzler.	X	
Er führte im Kaiserreich wichtige innenpolitische Veränderungen durch.	X	

5

Name:		Datum:
Geschichtstest Nr.	**– Deutschland von 1871 bis zum 1. Weltkrieg**	**Seite 2a**

9) Fülle den folgenden Lückentext aus.

Nach der Gründung des deutschen Kaiserreiches war Bismarcks Ziel die Festigung Deutschlands als neue ___Großmacht___ in Europa und die Einführung wichtiger wirtschaftlicher und politischer Änderungen innerhalb Deutschlands. Unter Bismarck wurde in Deutschland eine einheitliche ___Währung___ , die Mark eingeführt. Ebenso einheitliche ___Maßeinheiten___ wie Liter, Meter und Kilogramm, damit überall im Reich jeder mit den gleichen Maßen arbeiten und rechnen konnte. Um einen sozialen Frieden mit der immer größer werdenden Arbeiterschaft zu erreichen, führte er die noch heute gültige Sozialgesetzgebung ein. Hierzu gehören für das Alter die ___Altersversicherung___, für den Fall eines Unfalls bei der Arbeit die ___Unfallversicherung___ sowie die ___Krankenversicherung___ .

Außenpolitisch versuchte er, Deutschland durch eine geschickte ___Bündnispolitik___ vor Kriegen zu bewahren. Bismarck ist auch dafür verantwortlich, dass Deutschland fremde Gebiete als ___Kolonien___ in Afrika und in der Südsee erwarb.

4

Großmacht – Kolonien – Unfallversicherung – Bündnispolitik – Maßeinheiten – Krankenversicherung – Währung – Altersversicherung

10) Nach der Gründung des deutschen Kaiserreiches gab es fünf Großmächte in Europa. Trage die Namen der fünf Großmächte in die Landkarte ein.

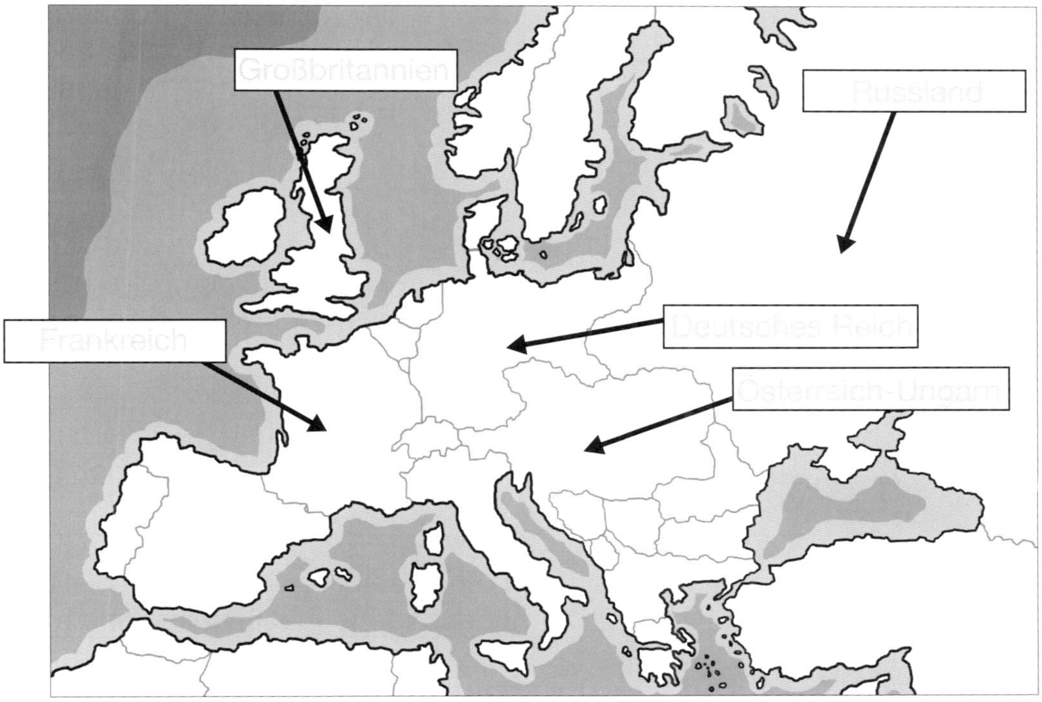

5

11) Wer entließ Otto von Bismarck als Reichskanzler? ___Kaiser Wilhelm II.___

1

Gesamtpunktzahl: **erreichte Punktzahl:**

Durchschnitt:___ 26 **Note:** ___

Name:		Datum:
Geschichtstest Nr.	**– Deutschland von 1871 bis zum 1. Weltkrieg**	**Seite 2b**

9) Fülle den folgenden Lückentext aus.

Nach der Gründung des deutschen Kaiserreiches war Bismarcks Ziel die Festigung Deutschlands als neue ___Großmacht___ in Europa und die Einführung wichtiger wirtschaftlicher und politischer Änderungen innerhalb Deutschlands. Unter Bismarck wurde in Deutschland eine einheitliche ___Währung___ , die Mark eingeführt. Ebenso einheitliche ___Maßeinheiten___ wie Liter, Meter und Kilogramm, damit überall im Reich jeder mit den gleichen Maßen arbeiten und rechnen konnte. Um einen sozialen Frieden mit der immer größer werdenden Arbeiterschaft zu erreichen, führte er die noch heute gültige Sozialgesetzgebung ein. Hierzu gehören für das Alter die ___Altersversicherung___, für den Fall eines Unfalls bei der Arbeit die ___Unfallversicherung___ sowie die ___Krankenversicherung___ .

Außenpolitisch versuchte er, Deutschland durch eine geschickte ___Bündnispolitik___ vor Kriegen zu bewahren. Bismarck ist auch dafür verantwortlich, dass Deutschland fremde Gebiete als ___Kolonien___ in Afrika und in der Südsee erwarb. **8**

10) Nach der Gründung des deutschen Kaiserreiches gab es fünf Großmächte in Europa. Trage die Namen der fünf Großmächte in die Landkarte ein.

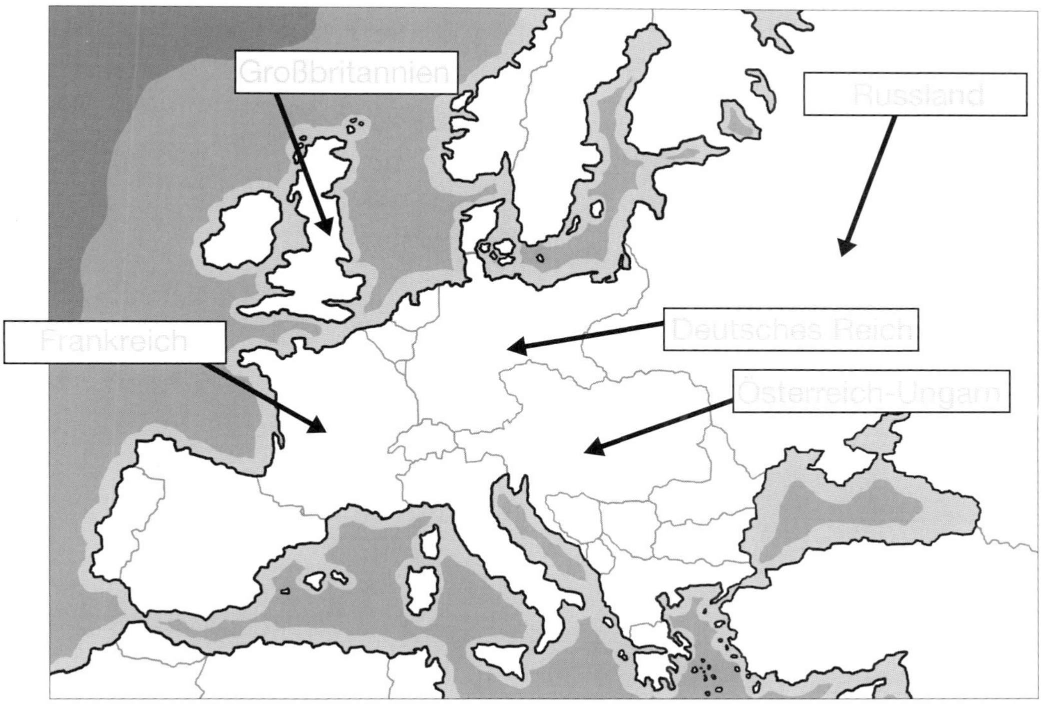

5

11) Wer entließ Otto von Bismarck als Reichskanzler? ___Kaiser Wilhelm II.___ **1**

Gesamtpunktzahl: **erreichte Punktzahl:**

Durchschnitt:____ **30** **Note:** ____

Name:	Datum:	
Erster Weltkrieg: Deutschlands Entwicklung bis zum Ersten Weltkrieg		

Deutschlands Entwicklung bis zum Ersten Weltkrieg

Das Deutsche Reich wurde nach der Reichsgründung bis zum Ausbruch des Ersten Weltkrieges immer mächtiger.

Die deutsche Wirtschaft wuchs in einem bis dahin nie gekannten Maße. Beispielsweise steigerte Deutschland seine Stahlerzeugung so sehr, dass es rund zweieinhalb Mal mehr Stahl produzierte als England. Ebenso steigerte es seine Kohleförderung.

Auch der Export deutscher Erzeugnisse ins Ausland schaffte Wohlstand und Reichtum im Kaiserreich. Ein von Großbritannien eingeführtes Markenschutzgesetz aus dem Jahre 1887 führte sogar dazu, dass mit dem Hinweis „Made in Germany“ unfreiwillig Werbung für die Qualität deutscher Waren gemacht wurde.

Nachdem Kaiser Wilhelm II. im Jahr 1890 den Reichskanzler Otto von Bismarck entließ, bestimmte er die deutsche Innen- und Außenpolitik. Er war der Überzeugung, dass nur ein starkes Deutschland seinen „Platz an der Sonne“ sichern könne. Deutschland vergrößerte seine Armee und baute seine Kriegsflotte aus. Wilhelm II. änderte auch die bisherige Bündnispolitik. Der Rückversicherungsvertrag mit Russland wurde nicht verlängert, obwohl Zar Nikolaus für eine Verlängerung dieses Nichtangriffspaktes kämpfte. Die Folge war, dass Russland 1894 mit Frankreich ein Militärbündnis einging.

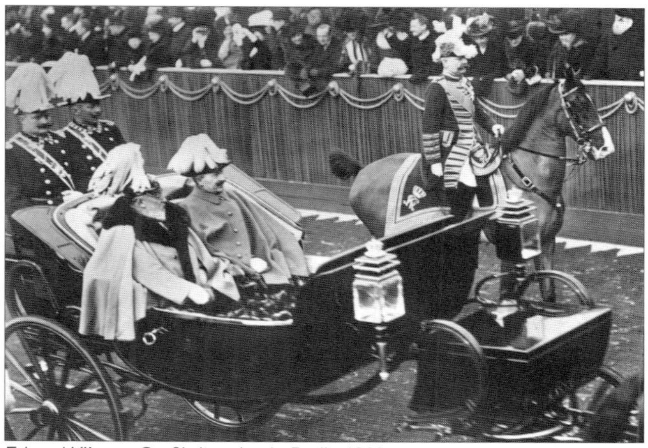

Eduard VII. von Großbritannien in Berlin 1909 ©akg-images

Auch mit Großbritannien, das bisher durch familiäre Bindungen und übereinstimmende politische Interessen Deutschland nicht feindselig gestimmt war, verscherzte es sich Wilhelm II. Er war stets in dem Glauben, dass man England durch ein großes Flottenbauprogramm die Stirn bieten und selbst zu einer mächtigen Seemacht werden könnte. Weiterhin würde Großbritannien den deutschen Forderungen nachgeben, Bündnisse nach den Vorstellungen des deutschen Kaisers einzugehen. All dies führte dazu, dass ab 1901, als in Großbritannien König Eduard VII. (ein Onkel des deutschen Kaisers) den englischen Thron bestieg, Großbritannien damit begann, Freundschafts- und Bündnisverträge mit anderen ehemals verfeindeten Staaten zu schließen. Unter anderem mit Frankreich und Russland. Durch Wilhelms Verhalten wurde Deutschland in Europa politisch immer weiter isoliert. Deutschland hatte in Europa nur noch Österreich-Ungarn als verlässlichen Verbündeten, sowie später Bulgarien und das Osmanische Reich.

Zähle die Fehler Kaiser Wilhelms in Bezug auf seine Außenpolitik auf und beschreibe, welche Folgen das schließlich hatte.

Name:	Datum:	
Erster Weltkrieg: Militärische Bündnisse vor dem Ersten Weltkrieg		

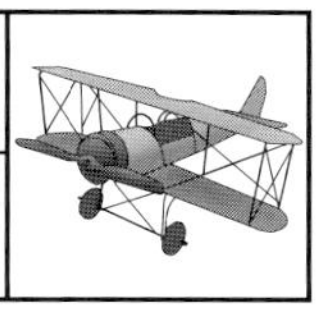

Militärische Bündnisse in Europa vor dem Ersten Weltkrieg

Wir erinnern uns: Bismarcks Außenpolitik war dahin ausgerichtet, dass Deutschland vor Kriegen sicher ist. Deshalb hatte er mit Österreich-Ungarn ein Militärbündnis und mit Russland einen Nichtangriffspakt geschlossen.
Kaiser Wilhelm II. hingegen war überzeugt davon, dass Deutschland durch seine wirtschaftliche und militärische Macht zu einer Weltmacht aufstreben könnte. Deshalb betrieb er gegen die anderen europäischen **Großmächte** ein Wettrüsten. Die Armee wurde vergrößert und die Marine entwickelte und baute immer mehr Großkampfschiffe.

Die Politik des Kaisers führte zu folgenden Bündnissen:
- Der Zweibund mit Österreich-Ungarn blieb weiterhin bestehen.
- Der **Nichtangriffspakt** mit Russland wurde nicht erneuert. Russland verbündete sich im Gegenzug mit Frankreich.
- Großbritannien, das sich bisher Deutschland gegenüber weitgehend neutral verhalten hatte, schloss mit Frankreich und Russland ein Militärbündnis, dass als „entente cordiale" bekannt wurde.
- Italien hatte schon im Jahr 1902 ein Bündnis mit England geschlossen und erklärte am 23. Mai 1915 Deutschland den Krieg, obwohl es zuvor mit Deutschland im Dreibund verbündet war.
- Das Osmanische Reich stellte sich im November 1914, drei Monate nach Ausbruch des Ersten Weltkrieges, auf die Seite Deutschlands. Ebenso Bulgarien.

Male Deutschland und seine Verbündeten blau an. Die „Gegner" Deutschlands rot. Vergleiche diese Karte mit der von Seite 7 (Bismarcks Außenpolitik). Was stellst du fest, wenn du dann die Karte betrachtest?

Name:	Datum:	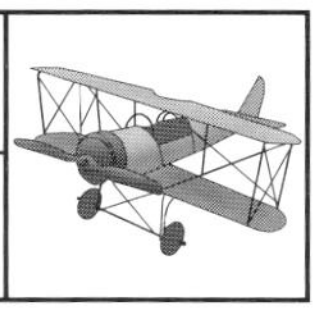
Erster Weltkrieg: Ursachen des Ersten Weltkrieges		

Ursachen des Ersten Weltkrieges

Für den Ausbruch des Ersten Weltkrieges gab es viele verschiedene Ursachen. Das Attentat auf den österreichischen Thronfolger im Sommer 1914 in Sarajewo war für die europäischen Großmächte nur der Anlass, in diesen verhängnisvollen Krieg zu ziehen.

Einer der Gründe für den Ausbruch des Krieges war der übertriebene Nationalismus der damaligen Großmächte. Jedes Land blickte mehr oder weniger mit Geringschätzung und Verachtung auf seine Nachbarn. Vor allen Dingen, wenn man gegeneinander Krieg geführt hatte. Deshalb war es beispielsweise für Kaiser Wilhelm II. besonders wichtig, mit militärischer Stärke seinen Nachbarn in Europa zu zeigen, „wer hier das Sagen hat". So führte Deutschland mit Großbritannien ein Wettrüsten zur See, das es aber nicht gewinnen konnte.

Der Ausbau der Kolonialreiche in der Welt führte dazu, dass sich die europäischen Staaten fast die ganze Welt untereinander aufteilten. Afrika und Asien gehörten bis auf wenige eigenständige Staaten als Kolonialbesitz den europäischen Großmächten. Je größer das Kolonialreich, desto mächtiger war man. Mit den Rohstoffen aus den Kolonien konnte der Reichtum im eigenen Land gesteigert werden. Die wirtschaftliche Stärke des Landes war mit vielen rohstoffreichen Kolonien gesichert.

Der zunehmende Wettbewerb unter den europäischen Ländern um die wirtschaftliche Vormachtstellung führte immer öfter zu Reibungspunkten. Großbritannien wollte beispielsweise durch das Markenschutzgesetz im Jahre 1887 die eigenen Bürger vor Industrie- und Handelswaren aus anderen Ländern und deren mangelhafter Qualität „warnen". Der verbindliche Hinweis auf die Herkunft eines Produktes, wie zum Beispiel „Made in Germany" machte sogar unfreiwillig Werbung für bestimmte Produkte.

Die veränderte Bündnispolitik in Europa führte dazu, dass sich die Großmächte sicher fühlten. Mit einem starken Partner an seiner Seite könnte man jeden Angreifer im Falle eines Krieges schnell besiegen. Wer würde es in so einem Falle wagen, einen Krieg anzuzetteln, den man nicht gewinnen könnte? Dieser Fehlglaube war einer der vielen Gründe, dass Europa für mehr als fünf lange Jahre in einem schrecklichen Krieg versank.

Zähle nochmals die wichtigsten Gründe für den Ausbruch des Ersten Weltkrieges auf!

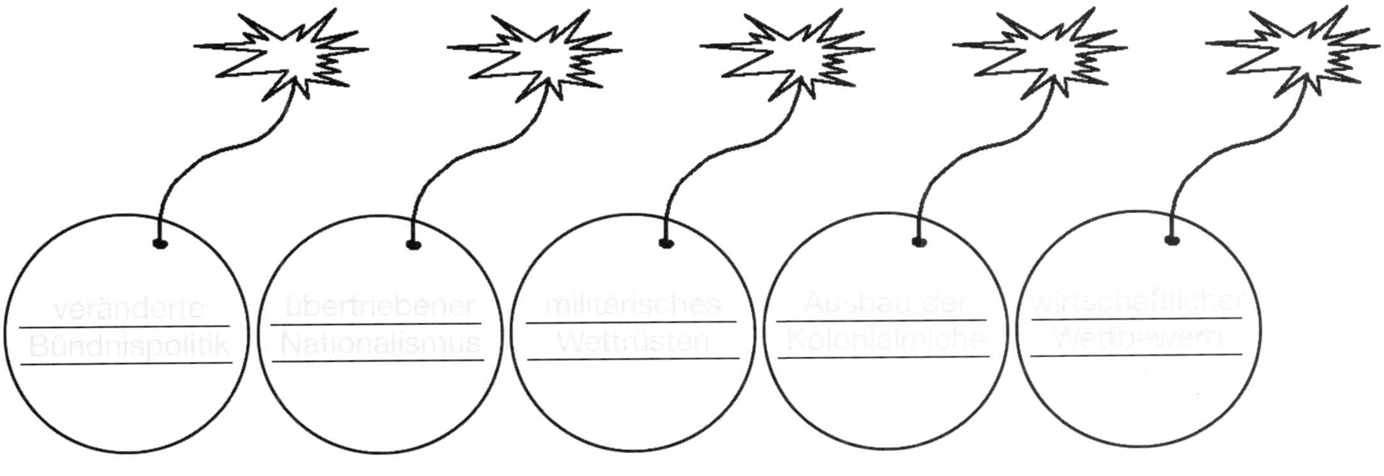

Name:	Datum:	
Erster Weltkrieg: Ursachen des Ersten Weltkrieges		

Ursachen des Ersten Weltkrieges

Der Beginn des Ersten Weltkrieges wurde durch ein Attentat ausgelöst. Aber als tiefere Ursachen für diesen Krieg gibt es folgende Gründe:

- Der übertriebene Nationalismus der damaligen Großmächte:

____

____

____

____

- Der zunehmende wirtschaftliche Wettbewerb unter den europäischen Industriestaaten:

____

____

____

____

- Frankreich hatte die Niederlage von 1870/71 nicht vergessen:

____

____

____

____

- Das Wettrüsten zur See:

____

____

____

____

- Russlands zunehmender Einfluss auf dem Balkan:

____

____

____

____

- Deutschlands Bündnisverpflichtungen:

____

____

____

____

Name:	Datum:	
Erster Weltkrieg: Der Ausbruch des Ersten Weltkrieges		

Der Ausbruch des Ersten Weltkrieges

Die politische Lage hatte sich bis zum Sommer 1914 in Europa immer mehr zugespitzt. Es bedurfte nur noch des sprichwörtlichen Funkens, der die Lunte zum Brennen und das Pulverfass zur Explosion bringen sollte.
Dies geschah dann am 28. Juni 1914 mit dem Attentat auf den österreichischen Thronfolger Franz Ferdinand und seine Frau in der bosnischen Stadt Sarajewo. Bei einer Rundfahrt durch die bosnische Hauptstadt sprang ein serbischer Student auf das Trittbrett des Wagens und erschoss das Ehepaar.
Die Urheber des Attentats, eine größere Gruppe serbischer Verschwörer, waren den Behörden bekannt. Doch erst nach wochenlangen Untersuchungen richtete die österreichische Regierung ein Ultimatum an Serbien mit einer Forderung, die die serbische Regierung nicht annehmen konnte. Da sich Serbien der Unterstützung des mächtigen Russlands sicher war, gab es Österreich keine eindeutige Antwort auf dessen Ultimatum. Daraufhin befahl Österreich-Ungarn die **Mobilmachung** seiner Streitkräfte und erklärte am 28. Juli 1914 Serbien den Krieg. Das Unglück, dass bis zum Ende des Ersten Weltkrieges über 10 Millionen Opfer auf allen Seiten fordern wird, nahm seinen Lauf.

©akg-images

©akg-images

Die Reihenfolge der Kriegserklärungen:

25. Juli 1914	Russland beginnt mit einer Teilmobilmachung seiner Streitkräfte.
28. Juli 1914	Österreich-Ungarn erklärt Serbien den Krieg.
30. Juli 1914	Russland ruft die allgemeine Mobilmachung seiner Streitkräfte aus.
01. August 1914	Deutschland erklärt Russland den Krieg. Deutschland fragt bei Frankreich an, ob es neutral bleibt. Frankreich antwortet ausweichend: „Frankreich wird tun, was seinen Interessen entspricht“.
03. August 1914:	Deutschland erklärt Frankreich den Krieg.
04. August 1914:	Deutschland marschiert in das neutrale Belgien ein, um Frankreich von der Seite her angreifen zu können. Dieses Vorgehen Deutschlands ist Grund für Großbritannien, Deutschland den Krieg zu erklären. Italien und Rumänien, die mit Deutschland eigentlich verbündet sind, unterstützen nicht Deutschland, weil aus ihrer Sicht der „Bündnisfall“ nicht gegeben ist, da ja Deutschland den Krieg erklärt hatte.
November 1914:	Das Osmanische Reich unterstützt Deutschland im Krieg.
23. Mai 1915:	Italien erklärt Deutschland und Österreich-Ungarn den Krieg.
27. August 1915:	Rumänien erklärt Österreich-Ungarn und Deutschland den Krieg.
Oktober 1915:	Bulgarien unterstützt Deutschland.

Übertrage die Tabelle in dein Heft. Ergänze die Lücken.

Name:	Datum:
Erster Weltkrieg: Europa zieht in den Krieg	

Europa zieht in den Krieg

Deutschland befand sich vom 1. August 1914 bis zum 11. November 1918 im Krieg. Obwohl bis auf die ehemaligen deutschen Kolonien die Kämpfe in Europa stattfanden, spricht man vom Ersten Weltkrieg, weil auch viele Staaten außerhalb Europas Deutschland und seinen Verbündeten den Krieg erklärt hatten. So hatte beispielsweise Japan schon 1914 Deutschland den Krieg erklärt. Mit dem Kriegseintritt der USA am 06. April 1917 war das Schicksal der Mittelmächte besiegelt. Nicht weniger als 28 Nationen hatten Deutschland und seinen Verbündeten den Krieg erklärt. Es dauerte zwar noch weitere eineinhalb Jahre, bis der Krieg mit der **Kapitulation** Deutschlands beendet war, aber gewinnen konnte Deutschland diesen Krieg nicht mehr. Erstaunlicherweise stand zum Zeitpunkt der deutschen Kapitulation kein feindlicher Soldat auf deutschem Boden. Doch hatte das Kaiserreich keine Kraft und Soldaten mehr, um die Kämpfe fortzuführen. Außerdem litt die Bevölkerung unter dem Hunger und den Entbehrungen, die der Krieg mit sich brachte.

Male Deutschland und seine Verbündeten (Österreich-Ungarn, Bulgarien, Osmanisches Reich) blau an. Male die europäischen Gegner (Frankreich, Großbritannien, Russland, Italien, Rumänien, Serbien, Griechenland, Belgien, Portugal, Montenegro) rot an.

Schreibe auf, welche Länder während dieses Krieges neutral waren.

____

____

Informiere dich darüber, warum diese Länder nicht am Krieg teilgenommen haben.
Erkläre folgende Begriffe:

Attentat = ____________________ Ultimatum = ____________________

Mobilmachung = ____________________ Kapitulation = ____________________

Name:	Datum:	
Erster Weltkrieg: Kriegspropaganda		

Kriegspropaganda

Während des Ersten Weltkrieges versuchte jeder Staat, seine Bevölkerung gezielt durch Propaganda zu beeinflussen.

Betrachte die folgenden Plakate. Was sollten die Zeichnungen deiner Meinung nach darstellen oder bewirken?

Für den deutschen Soldaten ist der Krieg ein leichtes Spiel. Jeder seiner Gegner ist unfähig, ihm etwas anzuhaben.

©akg-images

©akg-images

Es werden keine Toten gezeigt. Vielmehr soll vermittelt werden, je mehr Feinde man hat, desto mehr Ehre kann man erringen, wenn man diese Feinde besiegt.

Der deutsche Soldat ist ein Monster, das Menschen frisst und auch vor Gräueltaten gegen unschuldige Kinder nicht zurück schreckt.

©akg-images

Welche weitere Art der Propaganda durch den Staat fällt dir ein? Sprecht in der Klasse darüber.

Name:	Datum:	
Erster Weltkrieg: Der Schrecken neuer Waffen		

Der Schrecken neuer Waffen

Im Gegensatz zu den bisher geführten Kriegen setzten die Kriegsteilnehmer auf beiden Seiten neue Waffen ein, die das Töten der Gegner „schneller und sicherer" machen sollten.

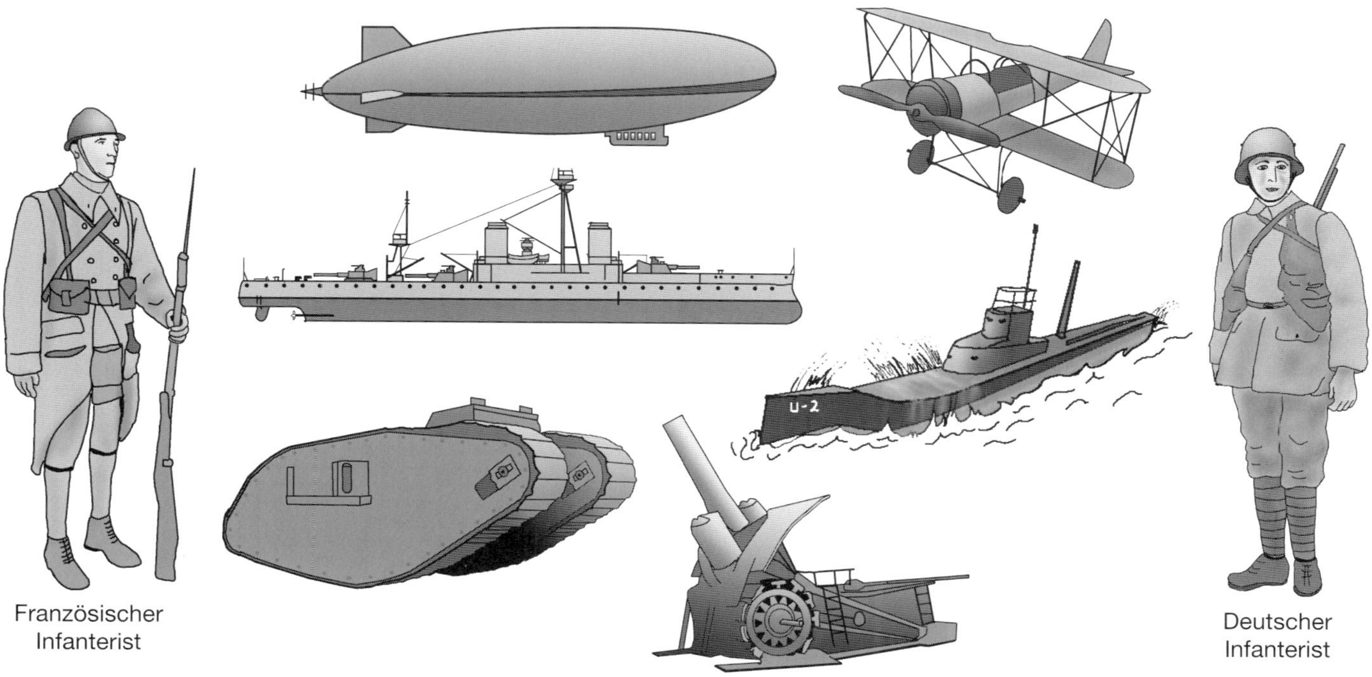

Französischer Infanterist

Deutscher Infanterist

Was für Waffen wurden in diesem Krieg erstmals im großen Stil eingesetzt?

Name:	Datum:
Erster Weltkrieg: Kriegsverlauf – Teil 1	

Kriegsverlauf

Beim Krieg im Westen gegen Frankreich entschied sich die deutsche Heeresleitung, einem Plan ihrer Generäle zu folgen (Schlieffen-Plan). Anstatt gegen die stark befestigte „Maginot-Line“, westlich von Deutschland gelegen, anzutreten, beschloss man, „einfach“ über das neutrale Belgien Frankreich vom Norden her anzugreifen. Aus den anfänglichen Erfolgen der deutschen Truppen in Nordfrankreich, einem Krieg, in dem die Truppen anfangs schnell vorwärts zogen, wurde ein Stellungskrieg. Da die Deutschen ihr Kriegsziel nicht erreichten, gruben sich die Armeen in Schützengräben ein und lieferten sich in den folgenden Jahren einen verlustreichen Stellungskrieg. In riesigen Materialschlachten, wie beispielsweise vor Verdun, „schlachteten“ sich die Gegner hemmungslos gegenseitig ab. General von Falkenhain rechnete ganz kühl: *„Es gibt mehr Deutsche als Franzosen. Wir werden also gewinnen.“*

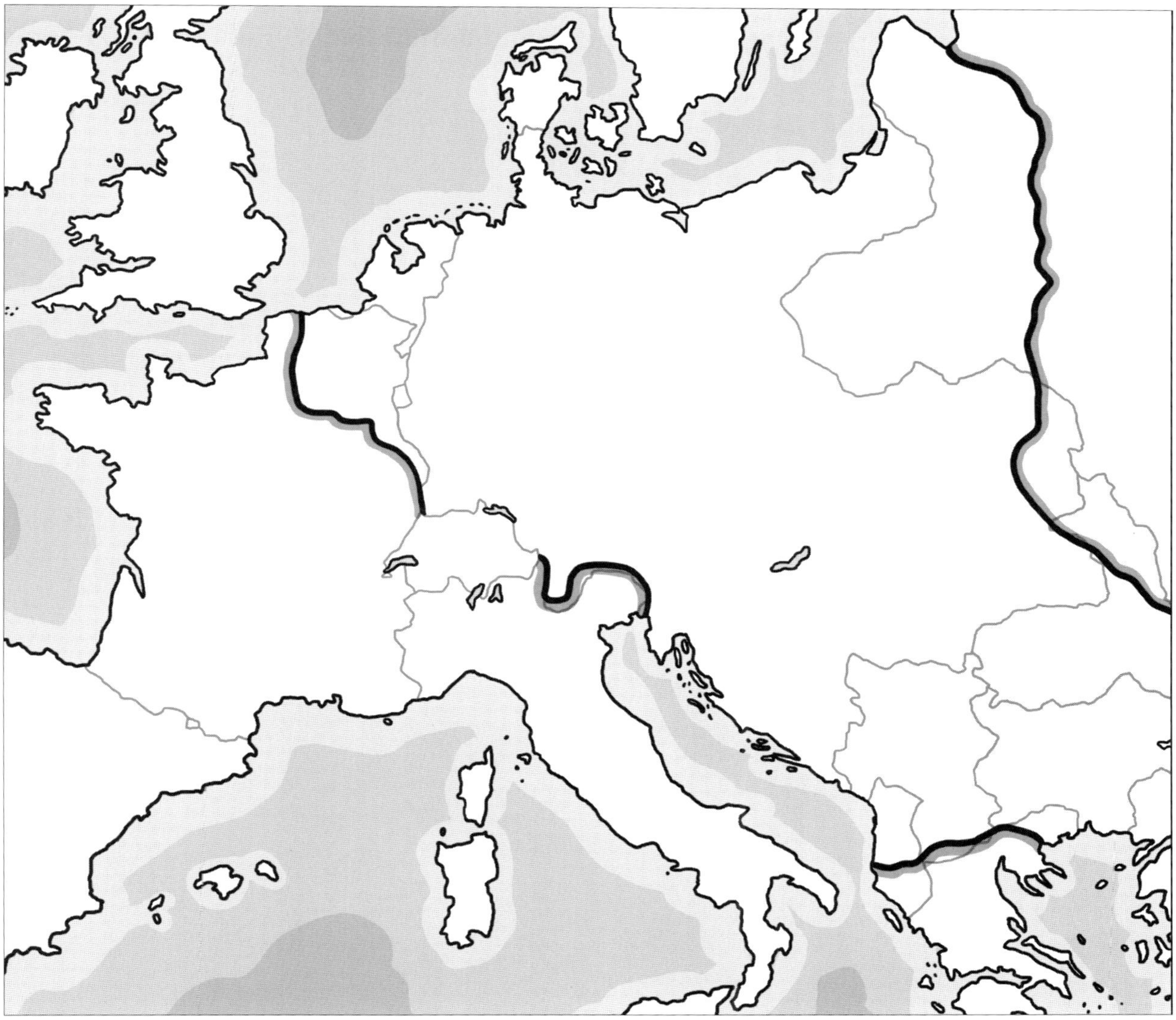

Im Osten hingegen konnten sich die Deutschen gegen die russischen Truppen behaupten. Unter der Führung des Generals Paul von Hindenburg erzielten die deutschen Truppen einige Erfolge. Da die Österreicher ihre Stellungen an der Front im Osten nicht halten konnten, mussten immer öfter deutsche Truppen Hilfe leisten.

Was denkst du über die Aussage des Generals Falkenhain? Schreibe hierzu deine Meinung auf!

Name:	Datum:	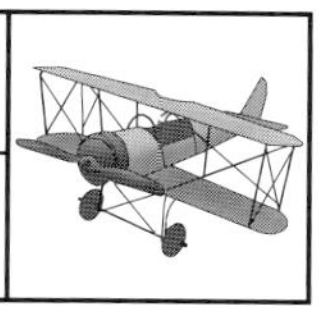
Erster Weltkrieg: Kriegsverlauf – Teil 2		

Kriegsverlauf

Am 12. Dezember 1916 unterbreitete die deutsche Regierung den alliierten Kriegsgegnern ein Friedensangebot, da Deutschland die Seeblockade englischer Schiffe deutlich zu spüren bekam. Der Mangel an Rohstoffen im Reich wurde immer fühlbarer. Kriegswichtige Güter wurden ebenso knapp wie Lebensmittel für die Soldaten an der Front und die Zivilbevölkerung im Kaiserreich. Doch das überhebliche Friedensangebot der Deutschen, die ihre Siegeszuversicht übertrieben zur Schau stellten, lehnten Großbritannien, Frankreich und ihre Verbündeten ab. Der Krieg und das damit verbundene Leid gingen für zwei Jahre weiter. Unter den Folgen hatten alle Menschen der am Krieg beteiligten Staaten zu leiden.

In dem Friedensangebot hieß es unter anderem: „Deutschland und seine Verbündeten, Österreich-Ungarn, Bulgarien und die Türkei, haben in diesem Kampf ihre unüberwindliche Kraft erwiesen. Sie haben über ihre an Zahl und Kriegsmaterial überlegenen Gegner gewaltige Erfolge errungen. Unerschütterlich halten ihre Linien den immer wiederholten Angriffen der Heere ihrer Feinde stand ... Getragen von dem Bewusstsein ihrer militärischen und wirtschaftlichen Kraft und bereit, den ihnen aufgezwungenen Kampf nötigenfalls bis zum Äußersten fortzusetzen, zugleich aber von dem Wunsch beseelt, weiteres Blutvergießen zu verhüten und den Gräuel des Krieges ein Ende zu machen, schlagen die vier verbündeten Mächte vor, alsbald in Friedensverhandlungen einzutreten."

Da Deutschland im Jahr 1917 die Verantwortlichen der sogenannten „**Oktoberrevolution**" mit ihrem Führer Wladimir Iljitsch Uljanow, genannt Lenin, in Russland unterstützte, in deren Verlauf die Zarenfamilie ermordet wurde, konnte Deutschland im März 1918 mit den neuen Machthabern einen Friedensvertrag abschließen.

Am 06. April 1917 erklärten die USA Deutschland und seinen Verbündeten den Krieg, nachdem deutsche U-Boote mehrmals amerikanische Schiffe versenkt hatten, die Großbritannien anlaufen wollten. Mit diesem Kriegseintritt kam die entscheidende Wende. Die USA produzierten auf Hochtouren Waffen und brachten ständig neue Soldaten nach Frankreich an die Front.

Am 08. August 1918 begannen die Briten eine Offensive an der französischen Front. Mit 450 Panzern (Tanks), einer völlig neuen Waffe auf den Schlachtfeldern Europas, gelang ihnen der Durchbruch durch die deutschen Stellungen. Die Erfolge der Alliierten führten dazu, dass die deutsche

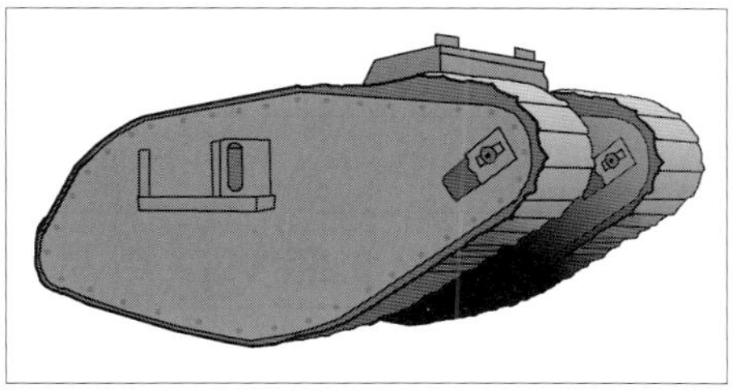

Regierung am 04. Oktober 1918 ein Waffenstillstandsangebot an die USA richtete. In Deutschland brach kurze Zeit später eine Revolution aus, der Kaiser dankte ab und ging in die Niederlande ins Exil. **Am 11. November 1918** unterzeichnete ein Vertreter der neuen Regierung Deutschlands den **Waffenstillstand** für Deutschland im Wald von Compiégne bei Paris. Der Erste Weltkrieg war zu Ende.

Erkläre die folgenden Begriffe mit eigenen Worten:

Stellungskrieg = ____________________

Seeblockade = ____________________

Revolution = ____________________

Waffenstillstand = ____________________

Zivilbevölkerung = ____________________

Name: Datum:

Erster Weltkrieg: Ein Weihnachtswunder an der Front – Teil 1

Diese Geschichte hat wirklich stattgefunden. Nur leider wurde sie von den Regierenden tot geschwiegen, da man ja den Gegner besiegen wollte. Verbrüderungen und Frieden unter den feindlichen Soldaten waren da unerwünscht!

Und Friede auf Erden

Weihnachtswunder 1914: Michael Jürgs erzählt von der großen, einmaligen Verbrüderung an der Westfront.

„Am Abend des 24. Dezember 1914 reißt die Wolkendecke über Flanderns Schlachtfeldern auf. Der Himmel wird sternenklar, und der Vollmond hüllt die Kraterlandschaft zwischen den Schützengräben in ein mildes Licht. Plötzlich – die britischen Soldaten wollen ihren Augen nicht trauen – flackern auf den Brüstungen der gegenüberliegenden Gräben Lichter, brennende Kerzen auf kleinen Tannenbäumen. Wieder einmal eine perfide Kriegslist der verhassten „Hunnen"? Doch dann setzt Gesang ein. Stille Nacht, Heilige Nacht, tönt es aus rauen Männerkehlen und: Es ist ein Ros entsprungen. „Well done, Fritzens!", rufen die verblüfften Zuhörer und verlangen eine Zugabe. Und von drüben schallt es zurück: „Merry Christmas, Englishmen!" – „We not shoot, you not shoot".

Szene aus dem Spielfilm „Merry Christmas"
© Nord Ouest Production – Senator Film Produktion

Tatsächlich schweigen an diesem Heiligen Abend des Jahres 1914 fast überall an der Westfront die Waffen. Zunächst vereinzelt, bald in immer größeren Gruppen steigen deutsche Soldaten aus ihren Gräben, und nach anfänglichem Zögern tun es ihnen die Briten gleich. Man trifft sich im Niemandsland zwischen den Schützenlinien, tauscht Geschenke aus und vereinbart eine Waffenruhe für den nächsten Tag. Ein Wunder, so scheint es, ist geschehen: Dieselben Männer, die noch wenige Tage zuvor nichts unversucht gelassen haben, sich gegenseitig umzubringen, stehen nun zusammen, lachen, schwatzen, rauchen und prosten sich zu. „Wir fühlten uns dabei glücklich wie Kinder!", notiert ein sächsischer Offizier in sein Tagebuch. Was am Heiligen Abend begann, steigerte sich am ersten Weihnachtstag zu einer Massenbewegung, zu einem „spontanen Aufstand von unten", wie der Autor, vielleicht etwas überpointierend, anmerkt. Bereits bei Tagesanbruch verlassen die Soldaten auf beiden Seiten ihre Gräben, Tausende und Abertausende. Man schüttelt sich die Hände, wünscht sich gegenseitig „Frohe Weihnachten", tauscht Erfahrungen aus, etwa wie man sich am besten der Läuseplage erwehren könne. Hier und dort finden sich Gruppen für Erinnerungsfotos zusammen. Eine dieser Aufnahmen wird Anfang Januar 1915 auf der Titelseite des Daily Mirror erscheinen und für großes Aufsehen in England sorgen.

Szene aus dem Spielfilm „Merry Christmas"
© Nord Ouest Production – Senator Film Produktion

Als Erstes kommen Deutsche und Briten überein, die Gefallenen zu begraben, die, zum Teil grässlich entstellt und verstümmelt, im Niemandsland liegen. Nicht nur helfen sie sich gegenseitig, Gräber auszuheben, sie veranstalten auch gemeinsame Trauerfeiern. „So etwas wird man wohl nie wieder sehen", schreibt ein 19-jähriger Schotte einem Schulfreund. Erst als die Toten unter der Erde sind, beginnt das Weihnachtsfest. Und wieder geschieht ein kleines Wunder: Hunderte verabreden sich zum Fußballspiel – es wird gebolzt und gekickt, was das Zeug hält, und wo kein Ball aufzutreiben ist, begnügt man sich mit einer leeren Konservendose. Es waren ungewöhnliche Spiele – „die ungewöhnlichsten überhaupt in der Geschichte des Fußballs" – nennt der Autor sie."

Mit freundlicher Genehmigung von „DIE ZEIT"
Von Volker Ulrich | © DIE ZEIT 17.12.2003 Nr. 52

Name:	Datum:

Erster Weltkrieg: Ein Weihnachtswunder an der Front – Teil 2

Doch der Befehl von oben ließ nicht lange auf sich warten. Nach zwei Tagen ist dieses historisch einmalige menschliche Ereignis beendet. Jeder, der nicht schießen wollte, sollte bestraft werden. Zwar feuerten die Soldaten zunächst noch gegenseitig über ihre Köpfe hinweg, wie sie es zuvor besprochen hatten. Aber dann begann das Morden erneut, als wäre nichts geschehen. Weihnachten 1915 wiederholte sich das Wunder an einzelnen Frontabschnitten. Von Weihnachten 1916 sind keine Verbrüderungen mehr bekannt. Millionen Menschen werden bis zum Kriegsende 1918 noch ihr Leben verlieren.

Dieses Ereignis, das vor allem in Deutschland und Frankreich nicht öffentlich gemacht werden durfte, man war ja im Krieg, wurde im Jahr 2005 in dem Spielfilm „Merry Christmas" verfilmt.

Szene aus dem Spielfilm „Merry Christmas"
© Nord Ouest Production — Senator Film Produktion

Aufgaben zu dem Text „Ein Weihnachtswunder an der Front"

1) Schreibe eine kleine Inhaltsangabe über dieses denkwürdige Ereignis, das wirklich stattgefunden hat.

2) Was hältst du von dieser Geschichte? Soldaten, die sich zuvor töten sollten, beschließen für zwei Tage, ohne Wissen ihrer Generäle, das Töten einzustellen, um Weihnachten zu feiern. Doch werden sie von ihren Vorgesetzten wieder zum Kampf gezwungen. Beschreibe deine persönliche Meinung mit einem Kommentar.

3) Beantworte die Fragen zum Text.

a) Was machten die deutschen Soldaten am Abend des 24. Dezember 1914?

b) Wie reagierten die britischen Soldaten auf den Gesang der Deutschen?

c) Was vereinbarten die Briten und Deutschen, nachdem sie sich Frohe Weihnachten (Merry Christmas) gewünscht hatten?

d) Wo trafen sich die Soldaten?

e) Zähle auf, was die sonst verfeindeten Soldaten alles während dieses Weihnachtsabends machten.

f) Warum hielt die Waffenruhe nicht länger?

4) Im Jahr 1915 wiederholte sich dieses „Weihnachtswunder" an vereinzelten Frontabschnitten ein zweites Mal. Nicht mehr aber in den zwei folgenden Kriegsjahren. Was könnte deiner Meinung nach der Grund sein, dass die Soldaten diese Feuerpausen zu Weihnachten nicht mehr durchführten?

5) Erkläre die folgende Begriffe mit eigenen Worten:

Verbrüderung Schlachtfeld Schützengraben Waffenruhe zuprosten notieren austauschen Erinnerungsfoto Niemandsland Trauerfeier ungewöhnlich Befehl

**Die Abdruckgenehmigung der 3 Szenen aus dem Spielfilm „Merry Christmas" erteilten uns freundlicherweise die Nord Ouest Production und die Senator Film AG.*

Name:	Datum:	
Erster Weltkrieg: Der Friedensvertrag von Brest-Litowsk		

Der Friedensvertrag von Brest-Litowsk

Das Jahr 1917 wird in vielen Geschichtsbüchern als „Schicksalsjahr“ bzw. „Epochenjahr“ bezeichnet. Der Grund dafür waren die wichtigen einschneidenden Veränderungen in der Welt. Was war alles in diesem Jahr geschehen?

Im April 1917 ließ die deutsche Regierung mehrere radikale russische Politiker in einem verplombten Zug von der Schweiz durch Deutschland nach Schweden reisen. Zu ihnen gehörte unter anderem Wladimir Iljitsch Uljanow, der sich selbst „**Lenin**“ nannte. Lenin war der Führer einer Gruppe russischer Kommunisten, die in der Schweiz im Exil lebten. In Schweden angekommen, reiste die Gruppe weiter nach Sankt Petersburg, wo sie unter Führung Lenins eine Revolution im damaligen zaristischen (kaiserlichen) Russland durchführten. Nach der Verhaftung der bisherigen Regierung versprach Lenin einen schnellen Friedensschluss. Im Frieden von Brest-Litowsk schied Russland aus dem Krieg aus. Am 3. März 1918 wurde ein **Friedensvertrag** unterzeichnet.

Lenin und seine Führung waren bereit, große Teile des ehemaligen russischen Zarenreiches abzugeben, damit sie die Revolution in Russland erfolgreich durchführen konnten. Mit dem **Friedensvertrag von Brest-Litowsk** wurden folgende Staaten zwischen Deutschland und Russland neu gegründet: Finnland, Estland, Lettland, Litauen, Polen und die Ukraine.
Mit diesem Frieden konnte sich Deutschland auf die Kriegsfront im Westen konzentrieren. Der anstrengende **Zweifrontenkrieg** war vorbei.

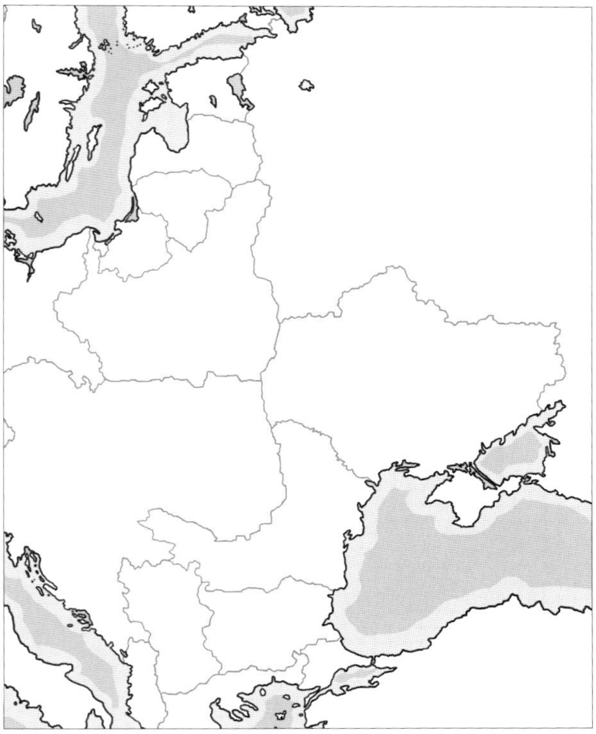
*

Welche Vorteile hatte der Friedensvertrag und die Neugründung der oben erwähnten Staaten vor allen Dingen für Deutschland?

Friedensvertrag: Der Zweifrontenkrieg war vorbei. Deutschland konnte sich jetzt auf die Gegner im Westen konzentrieren.

Neugründung von Staaten: Deutschland hatte nun keine gemeinsame Grenze mehr mit dem ehemals mächtigen Russischen Reich.

* Hinweis: Die abgebildete Grenze zwischen Polen und dem Deutschen Reich ist so nach dem Friedensvertrag von Versailles bestimmt worden.

Name:	Datum:	
Erster Weltkrieg: Der Friedensvertrag von Versailles		

Der Versailler Vertrag

Am 18. Januar 1871 war im Schloss von Versailles (bei Paris) das Deutsche Reich gegründet worden. Am 18. Januar 1919 trafen sich im Schloss von Versailles die Vertreter der 24 Siegermächte des Ersten Weltkrieges, um über einen Friedensvertrag zu beraten. Deutschland war von den Beratungen ausgeschlossen worden. Die Friedensbedingungen wurden von den Siegern diktiert (festgelegt). Erst am 7. Mai 1919 wurde die deutsche Delegation vor die alliierte Friedenskommission gerufen. Der französische Ministerpräsident Clemenceau begrüßte die deutschen Gesandten mit folgenden Worten: *„Meine Herren Delegierte des Deutschen Reiches! Die Stunde der Abrechnung ist da. Sie haben uns um Frieden gebeten. Wir sind geneigt, ihn ihnen zu gewähren.“*

Sollte Deutschland den Friedensvertrag ablehnen, drohten die Sieger mit einer Fortführung des Krieges und der **Seeblockade** gegen Deutschland. Obwohl die deutsche Regierung und das deutsche Volk diese Bedingungen als ungerecht empfanden, entschloss man sich dem Friedensvertrag zuzustimmen.

Im **Versailler Vertrag** kam vor allem das Sicherheitsbedürfnis Frankreichs in Bezug auf Deutschland zur Geltung. Es wollte für alle Zeit einer deutschen Kriegsgefahr vorbeugen. Die ersten drei Punkte des Vertrages betrafen die Landverluste, die Deutschland akzeptieren musste.

Schau dir die Karte genau an und schreibe auf, welche Gebiete an welche Länder abgetreten werden mussten.

Fülle die Tabelle aus!

abzutretendes Gebiet	an	Siegermacht

Deutschland hatte darüber hinaus noch weitere Forderungen zu erfüllen.

Informiere dich darüber in einem Geschichtsbuch oder im Internet.

(Zum Beispiel bei www.wikipedia.de oder http://www.dhm.de/lemo/html/weimar/versailles/index.html, http://www.versailler-vertrag.de/vv-i.htm)

Erster Weltkrieg: Die Bilanz des Krieges

Der Erste Weltkrieg hatte Auswirkungen auf den europäischen Kontinent wie kein anderer Krieg zuvor. Millionenfaches Leid verursachte dieser unselige Krieg. Menschen wurden getötet, verstümmelt, Unschuldige wurden zu Opfern, Staaten zerfielen, wurden geteilt und andere neu gegründet.

Die Menschenverluste im 1. Weltkrieg		Mill.
Deutsches Reich	✝✝✝✝✝✝✝✝✝✝ ✝✝✝✝✝✝✝✝✝✝	1,8
Österreich-Ungarn	✝✝✝✝✝✝ ✝✝✝✝✝✝	1,2
Russland	✝✝✝✝✝✝✝✝✝✝ ✝✝✝✝✝✝✝✝✝	1,7
Frankreich	✝✝✝✝✝✝✝ ✝✝✝✝✝✝✝	1,38
Großbritannien	✝✝✝✝✝ ✝✝✝✝✝	0,94
Gesamtverluste		ca. 10

An Menschenverlusten hat man etwa 10 Millionen Tote zu beklagen. Deutschland hatte fast zwei Millionen Menschen zu betrauern.

Fast 20 Millionen Menschen wurden verwundet, davon etwa 4 Millionen Deutsche. Viele von ihnen blieben ihr Leben lang Krüppel und waren auf die Hilfen und Almosen angewiesen, die man ihnen gab.

Hunger, Armut und Verzweiflung brachte der Krieg über die Zivilbevölkerung. Kinder waren oft unterernährt und starben einen qualvollen Tod. Frauen hatten den Verlust ihrer Ehemänner und Söhne zu beklagen.

Alle am Krieg teilnehmenden Staaten des Ersten Weltkrieges gaben Unsummen für die Anschaffung von Waffen aus. Etwa 260 Milliarden US-Dollar. Zu der damaligen Zeit hätte man dafür jeder Familie in den Krieg führenden Staaten ein neues Wohnhaus mit Garten geben können.

©akg-images

Stattdessen wurden Milliardenbeträge dafür verwendet, dass man sich gegenseitig vernichten konnte.

Deutschland, Österreich-Ungarn, Russland und das Osmanische Reich hatten nach diesem Krieg große Gebiete an ihre ehemaligen Gegner abzugeben.

Daraus sind dann neue Staaten in Europa und im Nahen Osten entstanden.

Name:	Datum:
Erster Weltkrieg: Bilder des Krieges	

Bilder des Krieges

Es zeigte sich schnell in den beteiligten Ländern, dass dieser neue Krieg kein „Spaziergang" war, sondern grausame Realität.
Die Regierung versuchte, die Grausamkeiten des Krieges der eigenen Bevölkerung vorzuenthalten.

©akg-images

©akg-images

Was fällt dir zu diesen Bildern ein? Versuche es, in eigene Worte zu fassen.

Name:	Datum:	
Erster Weltkrieg: Österreich-Ungarn wird zerschlagen		

Österreich-Ungarn wird zerschlagen

Nach Beendigung des Ersten Weltkrieges ist von der einstigen Großmacht Österreich-Ungarn nicht mehr viel übrig. Im Friedensvertrag von St. Germain vom 10. September 1919 werden die Friedensbedingungen für Österreich formuliert. Dem nun kleinen, rein deutschsprachigen Österreich wird es untersagt, sich dem Deutschen Reich anzugliedern. Es spielte für die Sieger dabei keine Rolle, dass Österreich selbst bis 1866 Mitglied im Deutschen Bund und bis 1806 Teil des ersten deutschen Kaiserreiches war. Der Vielvölkerstaat zerfällt in mehrere Staaten. Ehemalige Kriegsgegner, wie Italien erhalten einige Gebiete wie beispielsweise Südtirol und das Trentin an der Adria (Mittelmeer).

Färbe das ehemalige Kaiserreich Österreich-Ungarn grau ein.
Erstelle eine Tabelle und trage ein, welche Länder neu gegründet wurden, beziehungsweise welche Länder einen Gebietsanteil des ehemaligen Kaiserreichs erhalten haben.

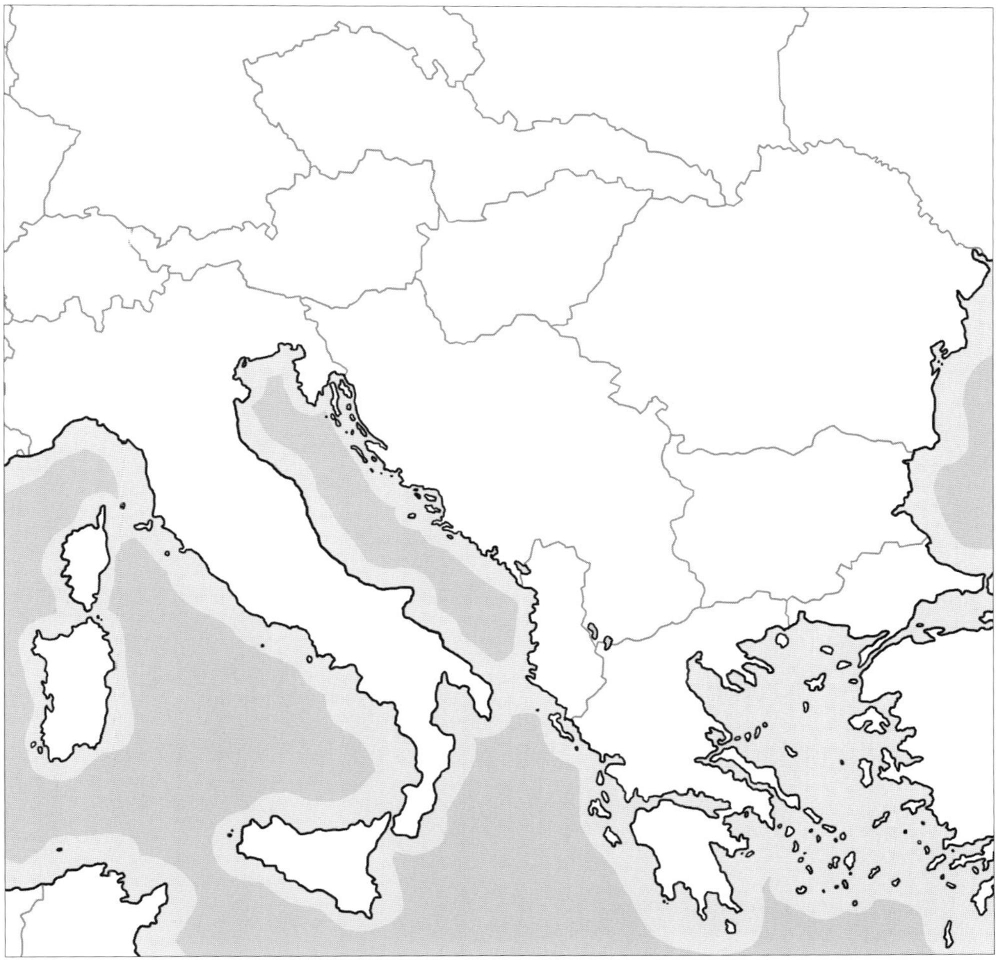

Welche Länder wurden nach dem Ersten Weltkrieg neu gegründet und haben einen Anteil des ehemaligen Kaiserreiches Österreich-Ungarn erhalten?

Polen, Ungarn, Tschechoslowakei, Jugoslawien

Welche Länder erhielten von Österreich-Ungarn Gebiete zugesprochen?

Italien, Rumänien

Name: Datum:

Erster Weltkrieg: Das neue Gesicht Europas

Das neue Gesicht Europas

Europa von 1914

Europa von 1930

Vergleiche die beiden Landkarten. Welche Staaten sind neu entstanden? Schreibe die neu gegründeten eigenständigen Staaten auf.

Neue Staaten in Europa nach 1918:

Tschechoslowakei, Polen, Ungarn, Estland, Lettland, Finnland, Litauen,

Sowjetunion (ehemaliges Runisches Zarenreich).

Serbien wird Bestandteil von Jugoslawien.

Name:	Datum:	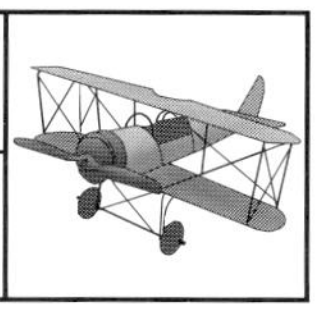
Erster Weltkrieg: Der Erste Weltkrieg – Lückentext Teil 1		

Der Erste Weltkrieg – Teil 1

Die Ursachen für diesen schrecklichen Krieg sind in der Politik der damaligen europäischen _____Großmächte_____ zu suchen. Hierzu gehörte unter anderem die Gier der europäischen Länder, sich möglichst viele Gebiete in Afrika und Asien als _____Kolonien_____ zu sichern, um so günstig an wichtige _____Rohstoffe_____ für die heimische Industrie zu kommen. Aber auch das Streben der Großmächte militärisch stärker als die möglichen Gegner zu sein, führte zu einem _____Wettrüsten_____ in der Welt. Eine weitere Ursache war der übertriebene _____Nationalismus_____ der verschiedenen Staaten. Jedes Volk dachte, besser zu sein als seine Nachbarn. Zuletzt war da auch die andauernde _____Feindschaft_____ zwischen Frankreich und Deutschland, denn Frankreich hatte die Niederlage von 1871 nicht vergessen.

Besonders problematisch war die neue Bündnispolitik von _____Kaiser Wilhelm II._____ , der im Jahre 1890 den damaligen Reichskanzler _____Otto von Bismarck_____ entlassen hatte. Während Otto von Bismarck versuchte, die Gefahr eines _____Krieges_____ durch geschickte Bündnispolitik von Deutschland fern zu halten, meinte der junge Kaiser Wilhelm II., dass nur ein militärisch starkes Deutschland die anderen Großmächte in Schach halten könnte. Der wichtige _____Nichtangriffspakt_____ mit _____Russland_____ wurde von ihm nicht erneuert. Russland suchte sich deshalb neue Verbündete in Europa, die es in der mächtigsten Seemacht der Welt, _____Großbritannien_____ und Deutschlands „Dauerfeind" _____Frankreich_____ fand. Kurz vor Beginn des Ersten Weltkrieges war die politische Situation Deutschlands sehr schlecht. Deutschland hatte nur noch _____Österreich-Ungarn_____ als starken militärischen Verbündeten in Europa. Ansonsten hatte sich Deutschland durch die Politik Wilhelms II. in Europa isoliert.

Ergänze den Lückentext.

Österreich-Ungarn Großmächte Rohstoffe Frankreich Großbritannien Kolonien Wettrüsten Nichtangriffspakt Russland Otto von Bismarck Feindschaft Krieges Kaiser Wilhelm II. Nationalismus

Name:	Datum:	
Erster Weltkrieg: Der Erste Weltkrieg – Lückentext Teil 2		

Der Erste Weltkrieg – Teil 2

Der Auslöser für den Beginn des Ersten Weltkrieges war das ___Attentat___ auf den österreichischen Thronfolger, Erzherzog Franz-Ferdinand, am 28. Juni 1914 in der bosnischen Hauptstadt ___Sarajewo___. Erst einen Monat nach dem Attentat erklärte ___Österreich-Ungarn___ dem kleinen Land ___Serbien___ den Krieg, aus dessen Land die Attentäter stammten. Durch die verschiedenen Bündnisse zwischen den europäischen Staaten nahm das Unheil seinen Lauf. Europa versank in einen vierjährigen ___Krieg___, an dessen Ende fast zehn Millionen ___Tote___ und rund zwanzig Millionen ___Verwundete___ zu beklagen waren. Deutschland stand zu seinen Bündnisverpflichtungen ebenso wie die anderen Großmächte. Nur zehn europäische Staaten waren ___neutral___ und beteiligten sich nicht am Krieg.

In diesem Krieg kamen zahlreiche neue ___Waffen___ zum Einsatz. Beispielsweise ___Flugzeuge___, um den Gegner aus der Luft beobachten und bekämpfen zu können. Auch ___Tanks___, die Vorläufer der heutigen Panzer und das schreckliche ___Gas___, U-Boote, moderne Kanonen, Flammenwerfer und Maschinengewehre kamen zum Einsatz.

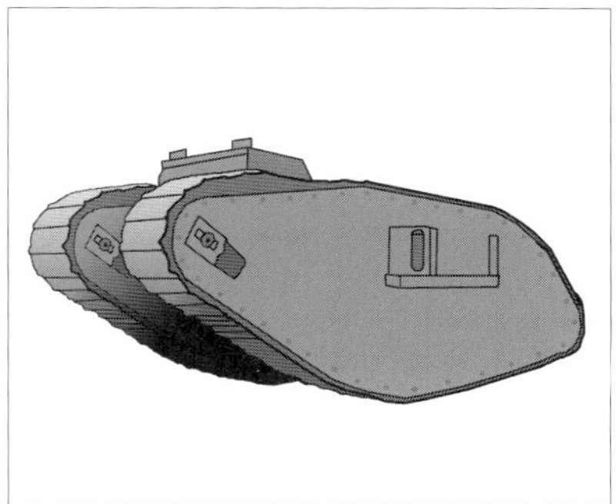

Wegen seiner ___Überheblichkeit___ verpasste Deutschland die Chance, den Krieg nach zwei Jahren zu beenden. Die Folge war, dass dieser schließlich bis zum November 1918 dauerte und die ___USA___ im Jahre 1917 Deutschland den Krieg erklärten. Am 11. November 1918 unterzeichneten die Vertreter der deutschen Regierung einen ___Waffenstillstand___. In Deutschland kam es in den folgenden Monaten zu einer ___Revolution___, bei der die bisherige kaiserliche Regierung abgesetzt wurde. Deutschland wurde eine ___Republik___. Der Kaiser floh mit seiner Familie in die Niederlande ins ___Exil___ und kehrte nie wieder nach Deutschland zurück. Leider hatte die neue deutsche „Weimarer Republik" unter der Last des Friedensvertrages von ___Versailles___ sehr zu leiden mit der Folge, dass diese nur knapp 15 Jahre Bestand hatte, bis dann die Nationalsozialisten unter Adolf Hitler im Januar 1933 an die Macht kamen.

Ergänze den Lückentext.

Tote Attentat neutral Sarajewo Verwundete Österreich-Ungarn Flugzeuge Versailles Gas Revolution Verwundete Tanks Republik Überheblichkeit USA Waffenstillstand Krieg Serbien Waffen Exil

Name:	Datum:	
Erster Weltkrieg: Kreuzworträtsel		

Der Lösungssatz gibt eine Meinung wieder, warum der Erste Weltkrieg ausgebrochen ist.

?

1	DEUTSCHLAND
2	BISMARCK
3	KRIEGE
4	BÜNDNISSE
5	RUSSLAND
6	MITTELMÄCHTE
7	WILHELM
8	NICHTANGRIFFSPAKT
9	ATTENTAT
10	FRANKREICH
11	NATIONALISMUS
12	VERDUN
13	STELLUNGSKRIEG
14	WETTRÜSTEN
15	THRONFOLGER
16	ENGLAND
17	GAS
18	SERBIEN
19	SARAJEWO
20	REVOLUTION
21	REPUBLIK
22	TANK
23	DREIBUND
24	VERSAILLES
25	LENIN

Name:	Datum:	
Erster Weltkrieg: Fragen zum Kreuzworträtsel		

1.) Welches Land wurde nach 1871 zu einer Großmacht in Europa?

2.) Wie hieß der erste deutsche Reichskanzler?

3.) Was wollte Bismarck mit seiner Bündnispolitik Deutschland auf jeden Fall ersparen?

4.) Was für „Verträge" schloss Bismarck mit anderen Ländern?

5.) Mit dieser Großmacht schloss Bismarck einen Nichtangriffspakt.

6.) Wie wurden Deutschland und seine Verbündeten während des Krieges bezeichnet?

7.) Vorname des letzten deutschen Kaisers, der Bismarck entließ.

8.) Was für einen besonderen Vertrag gab es zwischen Deutschland und Russland?

9.) Die Bezeichnung für einen politischen Mord.

10.) Eine Großmacht westlich von Deutschland, die 1871 einen Krieg verloren hatte.

11.) So kann man die übertriebene Einstellung der damaligen Staaten bezeichnen, die nur ihr Land als das beste betrachteten.

12.) Ein Ort in Frankreich, in dem jahrelang Deutsche und Franzosen sinnlos in einem Stellungskrieg getötet wurden.

13.) Wie nennt man diese Art des Kämpfens, wenn sich keine Armee mehr groß weiter bewegt?

14.) Vor dem Ausbruch des Krieges gab es zwischen den Großmächten ein jahrelanges W...

15.) Erzherzog Ferdinand von Österreich, der in Sarajewo ermordet wurde, war der österreichische ...

16.) Anstatt von Großbritannien sprechen viele Leute der Einfachheit halber einfach von ...

17.) Diese gefährliche Waffe wurde erstmals im Ersten Weltkrieg eingesetzt.

18.) Diesem Land erklärte Österreich-Ungarn als Erstes den Krieg.

19.) Die bosnische Hauptstadt, in der 1914 ein Attentat verübt wurde.

20.) Ein politischer Umsturz in Russland. Dieses Ereignis führte dazu, dass Deutschland mit Russland Ende 1917 einen Friedensvertrag schloss.

21.) Deutschland war nach dem Ersten Weltkrieg kein Kaiserreich mehr, sondern eine R...

22.) So nennt man den „Vorgänger" der heutigen Panzer.

23.) Wie heißt das Bündnis, in dem Deutschland, Österreich-Ungarn und Italien verbündet waren?

24.) An diesem Ort wurde das Deutsche Kaiserreich gegründet, aber auch Deutschland die Bedingungen für einen Friedensvertrag diktiert.

25.) Dieser russische Politiker führte in Russland die Revolution gegen das Zarenreich an.

Name:	Datum:
Geschichtstest Nr. – Der Erste Weltkrieg	**Seite 1**

1) In welchem Jahr begann der Erste Weltkrieg und wann endete er?

Beginn: 1914 ***Ende:*** 1918 — 2

2) Nenne jeweils zwei Verbündete der folgenden Staaten zum Beginn des Ersten Weltkrieges:

Deutschland: Österreich-Ungarn, Bulgarien, Osmanisches Reich

Frankreich: Großbritannien, Russland, USA, Italien — 4

3) Welches wichtige Ereignis wurde als Anlass für den Ausbruch des Ersten Weltkrieges gesehen? Was war wo wann (Datum) passiert?

Das Attentat auf den österreichischen Thronfolger Erzherzog Franz-Ferdinand am 28. Juni 1914 in der bosnischen Hauptstadt Sarajewo — 3

4) Nenne vier verschiedene Waffen/Waffenarten, die erstmals während des Ersten Weltkrieges groß zum Einsatz kamen.

Flugzeuge, U-Boote, Maschinengewehre, Tanks (Panzer), Gas, Schlachtschiffe aus Stahl, moderne Mörser und Kanonen — 4

5) Welche europäische Großmacht erklärte welchem Land als Erstes den Krieg?

Österreich-Ungarn an Serbien — 2

6) Male in dieser Karte die wichtigsten Kriegsteilnehmer an. Markiere blau Deutschland und zwei seiner Verbündeten, in rot Frankreich und drei seiner Verbündeten.

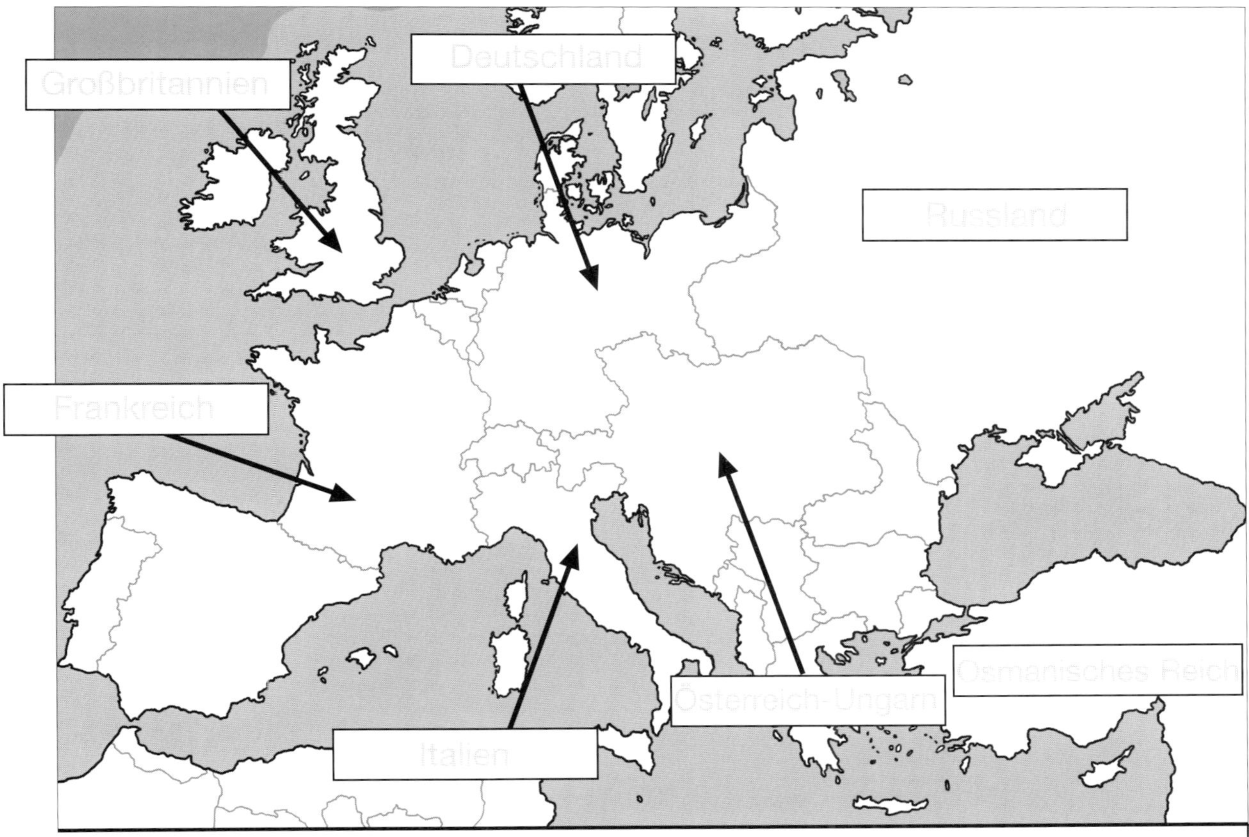

7

Name:	Datum:
Geschichtstest Nr. – Der Erste Weltkrieg	**Seite 2a**

7) Kreuze an, ob die folgenden Aussagen richtig oder falsch sind.

	richtig	falsch
Einer der Gründe für den Ersten Weltkrieg war das Wettrüsten der Großmächte.	X	
Deutschland war das erste Land, das einem anderen den Krieg erklärte.		X
Italien war ursprünglich mit Deutschland verbündet, kämpfte aber dann auf der Seite Frankreichs und seiner Verbündeten.	X	
Der Auslöser für den Ersten Weltkrieg war die Ermordung des deutschen Thronfolgers.		X
Der Erste Weltkrieg hätte schon nach zwei Jahren beendet werden können.	X	
Das Osmanische Reich war mit Russland verbündet.		X
Russland hätte gerne den Nichtangriffspakt mit Deutschland erneuert.	X	
Frankreich und seine Verbündeten verloren den Ersten Weltkrieg.		X
Im Spiegelsaal von Versailles wurden der deutschen Delegation die Bedingungen für einen Friedensvertrag diktiert.	X	
Deutschland durfte Elsass-Lothringen behalten.		X

5

8) Fülle den Lückentext mit den angebotenen Lösungswörtern aus.

Der Auslöser für den Beginn des Ersten Weltkrieges war das ____Attentat____ auf den österreichischen Thronfolger am 28. Juni 1914 in der bosnischen Hauptstadt ____Sarajewo____. Erst einen Monat nach dem Attentat erklärte ____Österreich-Ungarn____ dem kleinen Land ____Serbien____ den Krieg, aus dessen Land die Attentäter stammten. Alle ____Großmächte____ standen zu ihren Bündnisverpflichtungen. Deshalb waren, bis auf zehn Länder, fast alle europäischen Staaten am ____Krieg____ beteiligt. In diesem Krieg kamen zahlreiche neue ____Waffen____ zum Einsatz, die am Ende fast zehn ____Millionen____ Menschen das Leben kostete. Wegen seiner ____Überheblichkeit____ verpasste Deutschland die Chance, den Krieg nach zwei Jahren Dauer zu beenden. Die Folge war, dass dieser schließlich bis zum November 1918 dauerte und die ____USA____ im Jahre 1917 Deutschland den Krieg erklärten. Am 11. November 1918 unterzeichneten die Vertreter der deutschen Regierung einen ____Waffenstillstand____. In Deutschland kam es in den folgenden Monaten zu einer ____Revolution____, bei der die bisherige kaiserliche Regierung abgesetzt wurde. Deutschland wurde eine ____Republik____. Der Kaiser floh mit seiner Familie in die Niederlande ins ____Exil____.

7

Millionen Attentat Großmächte Sarajewo Österreich-Ungarn Revolution Republik Überheblichkeit USA Waffenstillstand Krieg Serbien Waffen Exil

Gesamtpunktzahl: 34 **erreichte Punktzahl:**

Durchschnitt:____ **Note:** ____

Name:	Datum:
Geschichtstest Nr. – Der Erste Weltkrieg	**Seite 2b**

7) Kreuze an, ob die folgenden Aussagen richtig oder falsch sind.

	richtig	falsch
Einer der Gründe für den Ersten Weltkrieg war das Wettrüsten der Großmächte.	X	
Deutschland war das erste Land, das einem anderen den Krieg erklärte.		X
Italien war ursprünglich mit Deutschland verbündet, kämpfte aber dann auf der Seite Frankreichs und seiner Verbündeten.	X	
Der Auslöser für den Ersten Weltkrieg war die Ermordung des deutschen Thronfolgers.		X
Der Erste Weltkrieg hätte schon nach zwei Jahren beendet werden können.	X	
Das Osmanische Reich war mit Russland verbündet.		X
Russland hätte gerne den Nichtangriffspakt mit Deutschland erneuert.	X	
Frankreich und seine Verbündeten verloren den Ersten Weltkrieg.		X
Im Spiegelsaal von Versailles wurden der deutschen Delegation die Bedingungen für einen Friedensvertrag diktiert.	X	
Deutschland durfte Elsass-Lothringen behalten.		X

5

8) Fülle den Lückentext aus.

Der Auslöser für den Beginn des Ersten Weltkrieges war das ___Attentat___ auf den österreichischen Thronfolger am 28. Juni 1914 in der bosnischen Hauptstadt ___Sarajewo___. Erst einen Monat nach dem Attentat erklärte ___Österreich-Ungarn___ dem kleinen Land ___Serbien___ den Krieg, aus dessen Land die Attentäter stammten. Alle ___Großmächte___ standen zu ihren Bündnisverpflichtungen. Deshalb waren, bis auf zehn Länder, fast alle europäischen Staaten am ___Krieg___ beteiligt. In diesem Krieg kamen zahlreiche neue ___Waffen___ zum Einsatz, die am Ende fast zehn ___Millionen___ Menschen das Leben kostete. Wegen seiner ___Überheblichkeit___ verpasste Deutschland die Chance, den Krieg nach zwei Jahren Dauer zu beenden. Die Folge war, dass dieser schließlich bis zum November 1918 dauerte und die ___USA___ im Jahre 1917 Deutschland den Krieg erklärten. Am 11. November 1918 unterzeichneten die Vertreter der deutschen Regierung einen ___Waffenstillstand___. In Deutschland kam es in den folgenden Monaten zu einer ___Revolution___, bei der die bisherige kaiserliche Regierung abgesetzt wurde. Deutschland wurde eine ___Republik___. Der Kaiser floh mit seiner Familie in die Niederlande ins ___Exil___.

14

Gesamtpunktzahl: 41 **erreichte Punktzahl:**

Durchschnitt:____ **Note:** ____

Name:	Datum:
Der Nationalsozialismus: Die Jahre vor der Machtergreifung – Teil 1	

Die Jahre vor der Machtergreifung – Teil 1

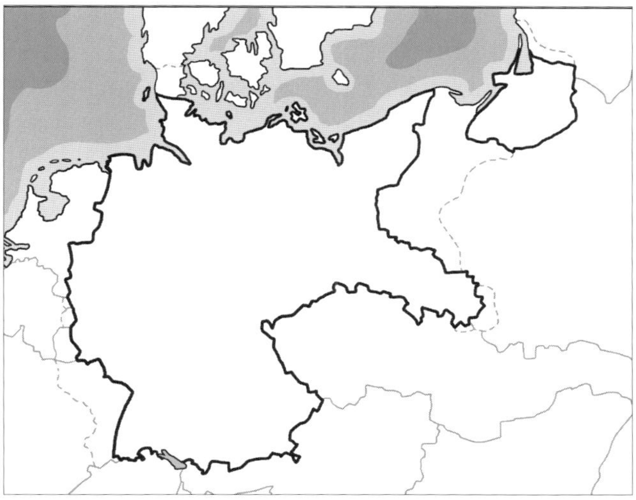

Wir erinnern uns: Das deutsche Kaiserreich hatte mit seinen Verbündeten den Ersten Weltkrieg verloren. Im Versailler Vertrag wurde Deutschland die Alleinschuld für den Ausbruch des Ersten Weltkrieges gegeben. Als Entschädigung musste Deutschland große **Reparationszahlungen** an die Siegermächte leisten und einige Gebiete an die ehemaligen Gegner oder neu gegründete Staaten abtreten. Außerdem wurde Deutschland **entmilitarisiert**: Es wurde verpflichtet, seine schweren Waffen abzugeben und seine Armee auf etwa 100.000 Mann zu verkleinern.

In Deutschland wurde der Versailler Vertrag, der nach 1919 den Frieden in Europa regeln sollte, von der Bevölkerung größtenteils abgelehnt und als ungerecht empfunden. Anfang der 1920er-Jahre ging es den Menschen in Deutschland besonders schlecht, da einerseits die Reparationszahlungen an die Siegermächte die deutsche Wirtschaft sehr belasteten und außerdem die deutsche Währung – die Mark – durch die **Inflation** in der zweiten Jahreshälfte 1923 nahezu wertlos wurde. Die Preise stiegen in unerschwingliche Höhen und es gab immer weniger Waren zu kaufen. Dank einer **Währungsreform** sowie der Erholung der Weltwirtschaft verbesserte sich von 1924 an die wirtschaftliche Lage in Deutschland.

Während der Inflation wurde immer mehr Geld gedruckt, um die Menschen bezahlen zu können. Es gab aber keinen Gegenwert – wie zum Beispiel Reserven in Goldbarren – für das neu gedruckte Geld. Hier ein paar Preisbeispiele vom November 1923:

Ware	Preis	*Schreibe den Preis als Zahl*
1 Ei	320 Billionen Mark	
1 Liter Milch	360 Billionen Mark	
500 g Brot	500 Billionen Mark	
500 g Butter	2800 Billionen Mark	

Inflationsgeld

Name:	Datum:	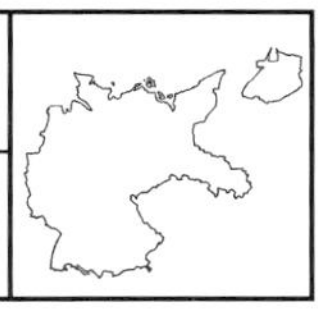
Der Nationalsozialismus: Die Jahre vor der Machtergreifung – Teil 2		

Die Jahre vor der Machtergreifung – Teil 2

Durch eine Währungsreform Anfang 1924 ging es in Deutschland wirtschaftlich wieder aufwärts. Aber schon 1929 begann die **Weltwirtschaftskrise**, die bis 1933 dauern sollte. In vielen Ländern wurden mehr Waren produziert als verkauft werden konnten. Was folgte waren zuerst Kurzarbeit, anschließend die Arbeitslosigkeit.
Wegen dieser Krise stieg die Arbeitslosigkeit in Deutschland dramatisch an. 1928 gab es etwa 1,86 Millionen Arbeitslose im Land. 1932 wuchs die Zahl dann auf über 6 Millionen an. In dieser Situation kam eine Partei an die Macht, die bis 1933 keine große Rolle in der deutschen Politik gespielt hatte. Die **NSDAP** mit ihrem Führer **Adolf Hitler**, der in Österreich geboren wurde und später die deutsche Staatsbürgerschaft annahm. Adolf Hitler schürte die Unzufriedenheit im Lande und versprach, die Ungerechtigkeiten – die Deutschland seiner Überzeugung nach durch den Versailler Vertrag erlitten hatte – rückgängig zu machen und Deutschland wieder zu Ruhm und Macht zu verhelfen. Viele Wähler fielen auf die Wahlversprechen der Nationalsozialisten, auch kurz ___Nazis___ genannt, herein.

Erkläre nochmals die Punkte für die Unzufriedenheit in Deutschland:

Versailler Vertrag: Wird von der Bevölkerung als ungerechter Friedensvertrag empfunden.

Alleinschuld: Deutschland wurde die Alleinschuld für den Ausbruch des Ersten Weltkrieges gegeben.

Reparationszahlungen: Deutschland musste „Schadensersatz" an die ehemaligen Gegner bezahlen.

Gebietsabtretungen: Deutschland verlor rund ein Viertel seines Staatsgebietes an ehemalige Gegner und neu zu gründende Staaten.

Entmilitarisierung: Waffen abgeben und nur eine kleine Armee haben.

Inflation: Das Geld war nichts mehr wert, man konnte sich nichts mehr kaufen.

Weltwirtschaftskrise: In fast allen wichtigen Industrienationen der Welt funktionierte das System von Angebot – Nachfrage und Preis nicht mehr. Die Folge war ein riesiger Anstieg der Arbeitslosigkeit in den meisten Ländern der Welt.

Kurzarbeit: Die Menschen müssen kürzer arbeiten und bekommen daher weniger Geld.

Arbeitslosigkeit: Menschen finden keine Arbeit und haben daher keinen Verdienst. Ohne Geld können sie sich wiederum keine Waren leisten.

Name:	Datum:	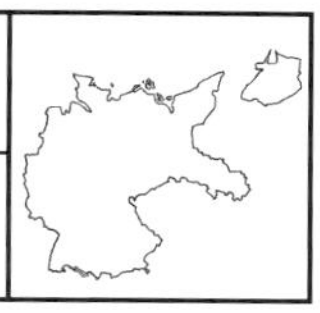
Der Nationalsozialismus: Die Jahre vor der Machtergreifung – Teil 3		

Die Jahre vor der Machtergreifung – Teil 3

Betrachte die beiden folgenden Grafiken. Mithilfe dieser sollte dir klar werden, warum die Nationalsozialisten bis 1933 immer mehr Wählerstimmen bekommen hatten. Bei der letzten Reichstagswahl am 06. November 1932, drei Monate vor Hitlers Machtübernahme, wurde die NSDAP mit 33,5 % stärkste Partei im Reichstag. Daraufhin wurde Hitler mit der Bildung einer Regierung beauftragt. Am 30. Januar 1933 wurde die neue Reichsregierung mit Adolf Hitler als Reichskanzler vereidigt. Im März 1933 folgte eine Neuwahl des Parlaments, die der NSDAP 44,5 % der Sitze einbrachte, aber nicht die absolute Mehrheit.

Vergleiche die Entwicklung der Arbeitslosigkeit und den Anstieg des Stimmenanteils der Nationalsozialisten.

Anstieg der Arbeitslosigkeit in Deutschland
(Höchststand jeweils Januar eines Jahres in Millionen)

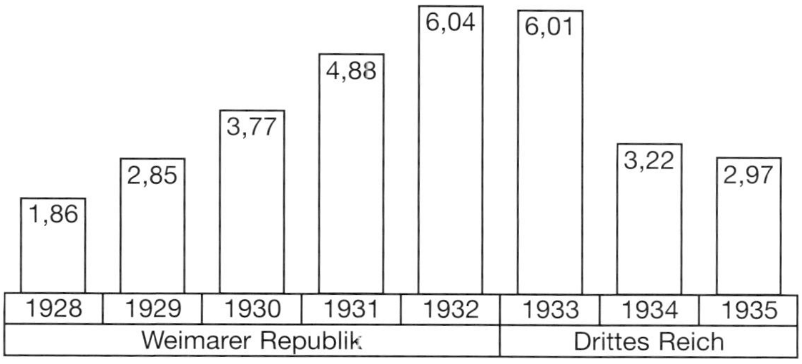

Grafik Arbeitslosigkeit:

____

____

____

____

____

____

____

Ergebnisse der Reichstagswahlen von Mai 1928 bis März 1933

Stimmenanteil der Nationalsozialisten im Deutschen Reichstag

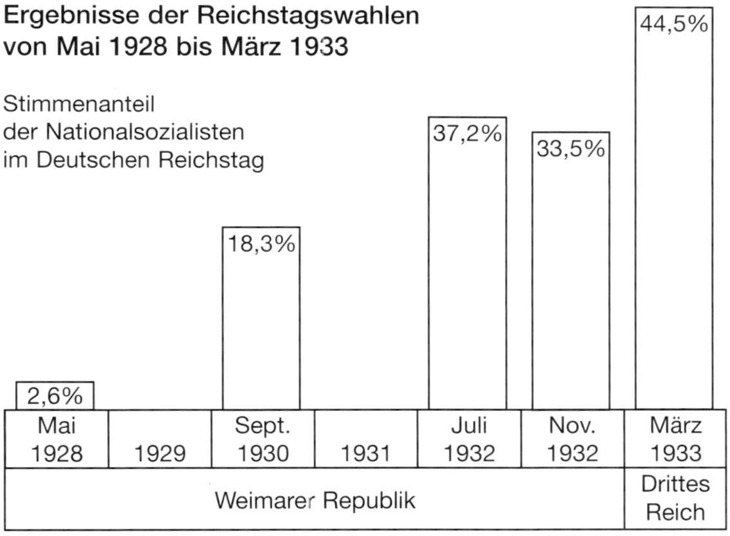

Grafik Reichstagswahlen:

____

____

____

____

____

____

____

____

____

Wenn man diese beiden Grafiken miteinander vergleicht und die Unzufriedenheit der Bevölkerung über den Versailler Vertrag hinzunimmt – der Deutschland die Friedensbedingungen nach dem Ersten Weltkrieg diktiert hat –, kann man Folgendes feststellen:

Die Bevölkerung war zutiefst unzufrieden mit der Politik! Die Bedingungen des Versailler Vertrages lasteten schwer auf der Stimmung der Bevölkerung und der deutschen Wirtschaft.
Die Folgen der Weltwirtschaftskrise bescherten Deutschland eine Massenarbeitslosigkeit.
Die Wähler gaben den Parteien, die ihnen eine spürbare Verbesserung der Situation versprochen, ihre Stimme.

Name:	Datum:
Der Nationalsozialismus: Wahlplakate	

Wahlplakate

Alle Parteien versuchten, die Wähler von ihren Programmen zu überzeugen.

Wie versuchten die jeweiligen Parteien, die Wähler für sich zu gewinnen? Sucht weitere Propagandaplakate (im Lexikon, Internet ...).

Name:	Datum:
Der Nationalsozialismus: Die Machtergreifung der Nationalsozialisten	

Die Machtergreifung der Nationalsozialisten 1933

Nachdem die NSDAP bei der Reichstagswahl im November 1932 stärkste Partei geworden war, setzte Adolf Hitler alles daran, die gewonnene Macht für sich zu erhalten beziehungsweise weiter auszubauen. Denn er wurde als Führer der stärksten Partei mit der Bildung einer Regierung beauftragt. Am 30. Januar 1933 wurde Adolf Hitler deutscher Reichskanzler. Um seine Macht weiter auszubauen, ging er in folgenden Schritten vor:

Am 05. März 1933 ließ er eine Neuwahl durchführen, bei der die NSDAP 44,5 % der Stimmen erhielt. Das war zwar nicht die absolute Mehrheit, aber Hitler hatte eine andere Möglichkeit gefunden, seine Macht auszubauen.

Bei der ersten Sitzung des neuen Reichstages forderte er die Abgeordneten dazu auf, das sogenannte **Ermächtigungsgesetz** zu verabschieden. Dieses Gesetz erlaubte es ihm, zunächst für vier Jahre, ohne Mitwirkung des Parlaments Gesetze zu erlassen. Unter der Androhung eines Bürgerkrieges stimmten alle Parteien, außer der SPD, für das Gesetz.

Englische Karikatur 1933

Im weiteren Verlauf des Jahres 1933 wurden die SPD, Gewerkschaften und sonstige Gegner der Nationalsozialisten verboten. Nur die NSDAP blieb als einzige Partei übrig.

Im Juli 1934 ließ Hitler alle möglichen Gegner aus den eigenen Reihen, wie seinen einstigen Weggefährten, den SA-Führer Ernst Röhm, ermorden. Rund 200 Menschen fielen diesem Morden zum Opfer.

© Bundesarchiv, Bild 102-14569 | Foto: o. Ang. | 1. Mai 1933

Als am 02. August 1934 der alte Reichspräsident Paul von Hindenburg starb, vereinigte Hitler sofort die Ämter des Reichspräsidenten und seines, des Reichskanzlers. Er war nun nicht nur Regierungschef der deutschen Regierung, sondern auch Staatsoberhaupt.

Außerdem hatte er mit der Vereinigung der beiden Ämter in einer Person zusätzlich den Oberbefehl über die Deutsche Wehrmacht.

Alle Macht im Staate lag nun in der Hand dieses einen Mannes, der sich von nun an „Führer“ nannte.

Trage neben dem Schaubild ein, welche Ämter Adolf Hitler für sich beanspruchte.

Staatsoberhaupt

Regierungschef

Oberbefehlshaber

Name:	Datum:
Der Nationalsozialismus: Die Gleichschaltung des Volkes	

Die Gleichschaltung des Volkes

Nachdem Adolf Hitler am Todestag des ehemaligen Reichspräsidenten Paul von Hindenburg alle Macht auf seine Person vereinigt hatte, konnte er mit seinen willigen Mitstreitern das allgemeine Leben und die Gesellschaft in Deutschland so gestalten, wie er es für richtig hielt.

Wir erinnern uns:
Welche drei wichtigen Ämter hatte Hitler nach Hindenburgs Tod auf sich vereint?

Reichskanzler ____________ Reichspräsident ____________ Oberbefehöshaber ____________

Nun wurde von ihm festgelegt, wie das öffentliche Leben in Deutschland zu funktionieren hatte. Presse und Rundfunk wurden ebenso auf die Regierung eingeschworen wie auch die Umstellung von Arbeitsverbänden. Die bisherigen Gewerkschaften wurden verboten.

Erstelle eine Übersicht: „Die Gleichschaltung im ‚Dritten Reich'". Skizziere darin den Weg der deutschen Jugend vom Kindesalter bis zum Eintritt in den Beruf. Nenne wichtige Organisationen, Verbände, verpflichtende Tätigkeiten.

Beschreibe in eigenen Worten, wie im „Dritten Reich" die Menschen im „gleichgeschaltet" wurden.

Name:	Datum:
Der Nationalsozialismus: Hitlers außenpolitische Aktionen bis 1939	

Hitlers außenpolitische Aktionen bis 1939

Die Nationalsozialisten hatten bei den verschiedenen Reichstagswahlen unter anderem versprochen, Deutschland von den Ungerechtigkeiten des Versailler Vertrages zu „befreien“ und es wieder zu einer der mächtigen Nationen in Europa zu machen. Mit zunehmender Macht wagte es das NS-Regime, sich gegen Teile des Versailler Vertrages zu stellen. Deutschland begann wieder, sich eine größere Armee zuzulegen, schwere Waffen zu produzieren und die entmilitarisierte Zone im Rheinland mit Kräften der deutschen Wehrmacht zu besetzen. Weiterhin wurden folgende Aktionen von Hitlers Regime unternommen:

Zeichne in die Karte Hitlers außenpolitsche Aktionen von 1935–1939 ein. Erläutere.

1935 Saargebiet (Abstimmung)

1936 „Wehrhoheit“ über das Rheinland

März 1938 „Anschluss“ Österreichs

Sept. 1938 Besetzung des Sudetenlandes

März 1939 Besetzung Tschechiens und des Memelgebietes

Am 1. September 1939 begann dann mit dem Überfall auf Polen der Zweite Weltkrieg, der in Europa bis zum 8. Mai 1945 dauern sollte und Millionen von Opfern forderte.

Name: Datum:

Der Nationalsozialismus: Jugenderziehung im „Dritten Reich“ – Teil 1

Jugenderziehung im „Dritten Reich“ – Teil 1

Wie viele **Diktaturen** missbrauchte auch das Naziregime die Jugend in ihrem Land. Mit besonderen Aktionen, Programmen und Verpflichtungen, die fast jeden jungen Menschen in Deutschland begeisterten, versuchten die Nazis, die Jugend zu beeinflussen und zu formen. Was Adolf Hitler in Wirklichkeit von seiner jungen Generation erwartete, kann man einer seiner Reden entnehmen.

Aus einer Rede Adolf Hitlers vom 2.12.1938:

(...) Diese Jugend, die lernt ja nichts anderes als deutsch denken, deutsch handeln! Und wenn diese Knaben mit 10 Jahren in unsere Organisation hineinkommen und dort oft zum ersten Mal überhaupt eine frische Luft bekommen und fühlen, dann kommen sie vier Jahre später vom Jungvolk in die ***Hitlerjugend****, und dort behalten wir sie wieder vier Jahre. Und dann geben wir sie erst recht nicht wieder zurück in die Hände unserer alten Klassen- und Standeserzeuger, sondern dann nehmen wir sie sofort in die Partei, in die Arbeitsfront, in die SA oder in die SS, in das NSKK (= Nationalsozialistisches Kraftfahrkorps) usw. Und wenn sie dort zwei Jahre oder eineinhalb Jahre sind und noch nicht ganze Nationalsozialisten geworden sein sollten, dann kommen sie in den Arbeitsdienst und werden dort wieder sechs und sieben Monate geschliffen, alles mit einem Symbol, dem deutschen Spaten. Und was dann nach sechs oder sieben Monaten noch an Klassenbewußtsein oder Standesdünkel da oder dort noch vorhanden sein sollte, das übernimmt dann die Wehrmacht zur weiteren Behandlung auf zwei Jahre, und wenn sie nach zwei, drei oder vier Jahren zurückkehren, dann nehmen wir sie, damit sie auf keinen Fall rückfällig werden, sofort wieder in die SA, SS usw., und sie werden nicht mehr frei ihr ganzes Leben (...).*
(Hitler in Reichenbach am 2.12.1938)

© Bundesarchiv, Bild 119-5592-14A | Foto: o. Ang. | 1933/1945 ca.

Überlege dir, was Hitler mit dieser Rede wohl gemeint hat.

Name:	Datum:
Der Nationalsozialismus: Jugenderziehung im „Dritten Reich“ – Teil 2	

Jugenderziehung im „Dritten Reich“ – Teil 2

Die Nationalsozialisten hatten schon früh damit begonnen, die Jugend für sich zu begeistern. Hierzu wurde den Mädchen und Jungen die Mitgliedschaft in Organisationen angeboten, die besondere Programme und Aktionen versprachen.

©akg-images

©akg-images

Mit Lockangeboten wie gemeinsamen Zeltlagern, Zugehörigkeit in einer besonderen Gemeinschaft, Gruppenspielen, gemeinsames Singen, Ferienlager, Wehrübungen für Jungen, Sport und Spiel, wurden die jungen Menschen gezielt beeinflusst. Aus diesem Grund wurden hierfür Organisationen wie das Jungvolk (10- bis 13-Jährige), sowie die Hitlerjugend (HJ) und der **Bund Deutscher Mädel (BDM)** für die 14- bis 18-Jährigen gegründet.

Warum war die Jugend von den Nazionalsozialisten so begeistert? Denke auch an die Rede von Hitler über die Erziehung der Jugend im „Dritten Reich“ (Arbeitsblatt Seite 48). Betrachte die Abbildungen: Wie wird die Jugend dargestellt?

___

___

___

___

___

___

___

___

___

Name:	Datum:
Der Nationalsozialismus: Jugenderziehung im „Dritten Reich“ – Teil 3	

Jugenderziehung im „Dritten Reich“ – Teil 3

Für Adolf Hitler war die Erziehung von Kindern und Jugendlichen nicht das, was wir uns heute darunter vorstellen. Die jungen Menschen sollten nicht selbst denken und entscheiden, sondern zu gehorsamen Befehlsempfängern erzogen werden.

Propagandaplakat

Deshalb forderte er:

„Die gesamte Erziehung und Ausbildung muss darauf angelegt werden, den jungen deutschen Volksgenossen die Überzeugung zu geben, anderen unbedingt überlegen zu sein…“

„Eine gewalttätige, herrische, unerschrockene, grausame Jugend will ich… Es darf nichts Schwaches und Zärtliches an ihr sein. Das freie, herrliche Raubtier muss erst wieder aus ihren Augen blitzen ... Mit Wissen verderbe ich mir die Jugend. Aber Beherrschung müssen sie lernen. Sie sollen mir in den schwierigsten Proben die Todesfurcht besiegen lernen...“

(vgl. Rauschning, 1940, 213f.)

Trage in die Tabelle ein, wie die deutsche Jugend aus Hitlers Sicht zu sein hatte.

Welche Eigenschaften sollten die Jugendlichen haben? Wie sollten sie sein?	Was sollten die Jugendlichen auf keinen Fall sein, beziehungsweise erhalten?

© Bundesarchiv, Bild 146-1981-053-35A | Foto: o. Angl o. Dat.

© Bundesarchiv, Bild 133-045 | Foto: o. Ang. | 1933/1939 ca.

Name:	Datum:
Der Nationalsozialismus: Die Deutschen und ihr „Führer“ – Teil 1	

Die Deutschen und ihr „Führer“ – Teil 1

So unvorstellbar es klingt, aber die Deutschen sind den Versprechen der Nationalsozialisten, kurz Nazis genannt, „auf den Leim gegangen“. In der Zeit der Weltwirtschaftskrise von 1929 bis 1933, als die Arbeitslosigkeit in Deutschland stetig auf über sechs Millionen Arbeitslose im Januar 1933 stieg, waren die Menschen mit der bisherigen Politik unzufrieden. Diese Chance nutzten die Nationalsozialisten mit ihrem Führer Adolf Hitler. Sie versprachen der Bevölkerung bei einem Wahlsieg, dass sie vieles anders machen würden als ihre Vorgänger. Unter anderem wollten sie die Ungerechtigkeit des Versailler Vertrages wieder rückgängig machen und Deutschland wieder zu seiner „wahren“ Größe zurückführen.

Am 31. Januar 1933 wurde Adolf Hitler zum Reichskanzler ernannt. Er sorgte mit mehreren Schritten dafür, sich die neu gewonnene Macht zu sichern. Zuerst wurde die Kommunistische Partei, die KPD verboten. Knapp fünf Wochen später ließ er nochmals Neuwahlen durchführen, bei der die NSDAP, die Partei der Nationalsozialisten, 44,5 % aller Stimmen erhielt. Bei der ersten Sitzung des neuen Reichstages forderte Hitler von den Abgeordneten die Verabschiedung des Ermächtigungsgesetzes. Dieses Gesetz erlaubte es ihm, für die Dauer von zunächst vier Jahren ohne die Mitwirkung der Abgeordneten, Gesetze zu erlassen. Unter der Androhung eines Bürgerkrieges stimmten alle Abgeordneten, außer die der SPD, für dieses Gesetz. Der Reichstag hatte sich somit selbst ausgeschaltet und Hitler eine riesige Machtbefugnis erteilt. Mithilfe dieses Gesetzes wurden wenige Monate später die SPD verboten und Gewerkschaften zerschlagen. Ebenso wurden alle Verbände und Organisationen im Deutschen Reich „gleichgeschaltet“.

Als am 02. August der alte Reichspräsident Hindenburg starb, riss Adolf Hitler auch diese Macht an sich. Er vereinigte sofort die Ämter des Reichskanzlers, der er schon war, mit dem des Reichspräsidenten. Außerdem hatte er noch den Oberbefehl über die Wehrmacht inne. Von diesem Tag an ließ er sich Führer nennen. Alle Macht des Staates lag nun in seinen Händen.

Ergänze den Lückentext.

Hindenburg Machtbefugnis Führer Ermächtigungsgesetzes Versailler Vertrages KPD Arbeitslosigkeit SPD Nazis Adolf Hitler NSDAP

Name:	Datum:
Der Nationalsozialismus: Die Deutschen und ihr „Führer“ – Teil 2	

Die Deutschen und ihr „Führer“ – Teil 2

Viele Deutsche waren sichtlich begeistert, was die neue Regierung unter Adolf Hitler alles „geleistet“ hatte: Die Arbeitslosigkeit ging spürbar zurück, das Land produzierte wieder mehr Waren, es gab im März 1935 den Aufbau einer neuen Armee durch die Einführung der allgemeinen Wehrpflicht und im gleichen Jahr wurden wieder Waffen produziert, die eigentlich nach dem Beschluss des Versailler Vertrags verboten waren. Deutschland besetzte das entmilitarisierte linksrheinische Ufer wieder mit eigenen Truppen. Ebenso wurde im Jahr 1935 das Saargebiet durch eine Volksabstimmung wieder in das Deutsche Reich eingegliedert und 1938 wurde Österreich mit Deutschland zum Großdeutschen Reich zusammengeschlossen. Im gleichen Jahr wurde das tschechische Grenzgebiet, das sogenannte Sudetenland, das mehrheitlich von Deutschen bewohnt war, dem Deutschen Reich zugesprochen. Im März 1939 wurde das Memelgebiet zu Litauen wieder deutsch und der tschechische Teil der Tschechoslowakei wurde von Deutschland besetzt und als „Protektorat Böhmen und Mähren“ dem Deutschen Reich angeschlossen.

Sowohl Adolf Hitler mit seiner „Regierung“, als auch viele Deutsche waren von dieser Politik und ihren „Erfolgen“ überzeugt und begeistert.

Wenn man aber diese „Erfolge“ der Nationalsozialisten genauer betrachtet, stellt man schnell Folgendes fest: Der „wirtschaftliche Aufschwung“ und der Abbau der Arbeitslosigkeit wurde nur durch die Einführung des Reichsarbeitsdienstes, der allgemeinen Wehrpflicht und einer bedenkenlosen Staatsverschuldung erreicht. Es war völlig unklar, wer das alles bezahlen sollte!
Hitlers „außenpolitische Erfolge“ glückten nur deshalb, weil die damals starken europäischen Staaten auf Hitlers Versprechen hörten und auf einen militärischen Konflikt weder vorbereitet noch dazu bereit waren.
Die Propaganda im Reich ließ Kritik am Führer und dem Staat nicht zu. Kritiker wurden reihenweise verhaftet und in Gefängnisse oder in Konzentrationslager (KZ) verschleppt. Politische Parteien, außer der NSDAP waren verboten. Nachrichten aus dem Ausland wurden zensiert oder waren erst gar nicht erlaubt. Die jüdischen Bürger des Landes wurden schrittweise ihrer bürgerlichen Rechte beraubt.

Name:	Datum:
Der Nationalsozialismus: Die Deutschen und ihr „Führer“ – Teil 3	

Die Deutschen und ihr „Führer“ – Teil 3

Um sich darüber klar zu werden, warum Adolf Hitler und seine Nationalsozialisten so mächtig geworden waren und dann das deutsche Volk und Europa in einen Zweiten Weltkrieg stürzen konnten, muss man sich folgende wichtige Punkte nochmals vor Augen führen.

Ausgangssituation	Versprechen der Nazis	Was daraus geworden ist.
Deutschland litt bis Ende 1933 unter einer großen Arbeitslosigkeit.		
Den Versailler Vertrag (Friedensvertrag nach dem Ersten Weltkrieg) empfanden die meisten Deutschen als Ungerechtigkeit.		
Deutschland durfte keine große Armee haben und schweren Waffen besitzen.		
Deutschland musste viele Gebiete nach dem Ersten Weltkrieg an andere Staaten abgeben.		

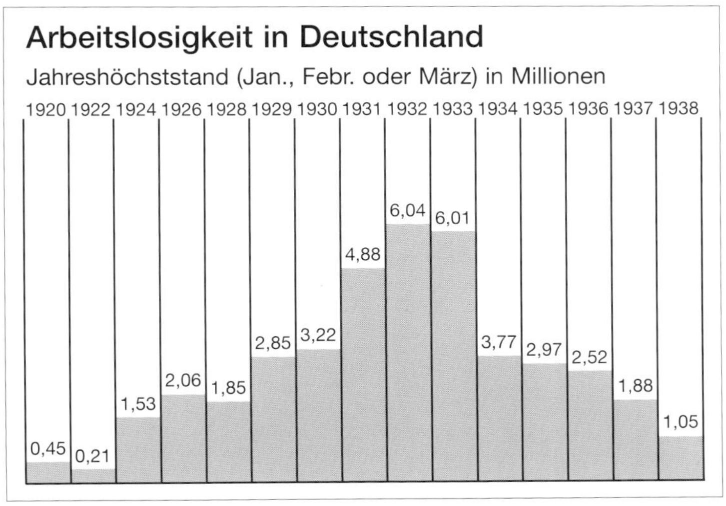

Name:	Datum:
Der Nationalsozialismus: Verfolgung im „Dritten Reich“ – politische Gegner	

Verfolgung im „Dritten Reich“ – politische Gegner

Nachdem Hitler an die Macht gekommen war, begann auch die systematische Verfolgung aller Menschen, die entweder gegen das NS-Regime waren oder aufgrund ihrer Religion, ihrer Weltanschauung oder ihres gesundheitlichen Zustandes nicht den Vorstellungen der Nationalsozialisten entsprachen.
Für die Nationalsozialisten galt ein einfacher Grundsatz: *„Wer nicht für Hitler ist, ist gegen ihn! Und diese Gegner gilt es zu bekämpfen und aus dem Weg zu räumen!“*

Politische Gegner:

Hitler sorgte dafür, dass seine politischen Gegner im Deutschen Reichstag ausgeschaltet wurden. Schnell wurden die Abgeordneten der KPD und SPD zu Verfolgten des NS-Regimes. Menschen wie Herbert Frahm, der später unter dem Namen *Willy Brandt* untertauchte, sowie die Gründerin der der SPD-nahen Arbeiterwohlfahrt, *Marie Juchacz*, mussten ins Ausland fliehen, um nicht verhaftet und ermordet zu werden. Willy Brandt wurde nach dem Zweiten Weltkrieg 1969 erster sozialdemokratischer Bundeskanzler der Bundesrepublik Deutschland.

©akg-images

Im Juni 1933 wurde die SPD verboten. Im Juli des gleichen Jahres wurde ein Gesetz gegen die Neubildung von Parteien erlassen und alle anderen Parteien wurden verboten. Die Folge war, dass es nur noch die NSDAP gab. Jeder, der eine andere politische Meinung vertrat, wurde verfolgt und verhaftet. Meist wurden die politischen Gegner in die von den Nationalsozialisten eingeführten **Konzentrationslager**, kurz „**KZ**“ genannt, verschleppt. Viele von den politisch Andersdenkenden wurden ermordet. Auch Kritiker aus den eigenen Reihen wurden gnadenlos ermordet, wie zum Beispiel im Jahr 1934 der Führer der SA, Ernst Röhm, der bis dahin ein enger Weggefährte Adolf Hitlers war.

Schreibe auf, was mit politischen Gegnern im „Dritten Reich“ geschah.
Was unternahmen manche politisch Verfolgte, um nicht verhaftet zu werden?

Name:	Datum:
Der Nationalsozialismus: Verfolgung im „Dritten Reich“ – Judenverfolgung	

Verfolgung im „Dritten Reich“ – Judenverfolgung

Verfolgung, Entrechtung und massenhafte Ermordung von Juden:

©akg-images

©akg-images

© Bundesarchiv, Bild 183-74237-004
Foto: Walter, Bernhard – 1944 Mai-Juni

Mit der Machtübernahme Hitlers am 30. Januar 1933 begann das Verbrechen an einer Bevölkerungsgruppe, deren Angehörige während der Hitlerdiktatur millionenfach ermordet wurden: Juden in Deutschland und in den während des Zweiten Weltkrieges von den Deutschen eroberten Gebieten waren die Opfer.

Zuerst wurde in Deutschland mit einer Hetze gegen alles Jüdische begonnen. Schrittweise wurden die Juden aller bürgerlichen Rechte beraubt. Hier ein paar wenige Beispiele: Sie durften anfangs nicht mehr in Ämtern oder Behörden arbeiten. Bücher jüdischer Schriftsteller wurden verbrannt und verboten. Ab September 1935 durften keine Ehen mehr zwischen Juden und sogenannten Ariern (Deutsche, die keine Juden waren) geschlossen werden. In der Reichspogromnacht vom 09. November 1938, von den Nationalsozialisten „Reichskristallnacht“ genannt, wurden jüdische Synagogen, Geschäfte und Privathäuser zerstört und in Brand gesteckt. Tausende von Juden wurden verhaftet und in Konzentrationslager verfrachtet. In den Konzentrationslagern mussten die Arbeitsfähigen Sklavenarbeit leisten. Alle anderen wurden in die Gaskammern geschickt und ermordet. NS-Ärzte, wie der berüchtigte Arzt Dr. Mengele, führten an den Insassen – Kindern und Erwachsenen – „medizinische Versuche“ durch, die fast alle mit dem qualvollen Tod der Betroffenen endeten.

Nach dem Ausbruch des Zweiten Weltkrieges befahl Hitler die „Endlösung der Judenfrage“, mit der die Vernichtung aller Juden in den deutschen Einflussgebieten gemeint war. **Über sechs Millionen Juden, egal welchen Alters, wurden während der Naziherrschaft ermordet.**

Schreibe stichpunktartig auf, wie die Juden schrittweise entrechtet und schließlich ermordet wurden:

Suche im Internet Bildmaterial zur Judenverfolgung.

Literaturtipp: Richter, Hans Peter: Damals war es Friedrich, dtv-junior

Verfolgung im „Dritten Reich“ – Kranke und Behinderte

Propagandaplakat der Nationalsozialisten

In den Augen der Nationalsozialisten waren Kranke und Behinderte „lebensunwerte Wesen“, die nur die Allgemeinheit unnötig belasteten. Damit „diese keine weiteren Kosten verursachen und der Volksgemeinschaft nicht schaden“, begannen die Nazis damit, Kranke und Behinderte gezielt in sogenannten Pflegeheimen zu ermorden. Sie selbst nannten dieses Programm zur Ermordung „Euthanasie“ (griechisch: schönes, leichtes Sterben). Den Angehörigen wurden in der Regel nach der Ermordung eine Urne mit der Asche des „Verstorbenen“ sowie eine Rechnung zugeschickt mit dem Hinweis, dass der/die Betreffende beispielsweise plötzlich an einer schweren Lungenentzündung erkrankt sei und der Leichnam sofort eingeäschert werden musste, um den Ausbruch von Seuchen zu verhindern.

Ärzte waren angehalten, dass sie nach ihrem menschlichen Ermessen „unheilbar Kranken“ den „Gnadentod“ gewähren sollten. Anfangs wurden den Menschen Giftspritzen verabreicht. Da man aber so nicht schnell genug viele behinderte Menschen ermorden konnte, wurden später die sogenannten „grauen Busse“ eingeführt. Der Innenraum der Busse war so eingeteilt, dass in den Bereich, in dem die Opfer Platz nehmen mussten, die Abgase des Busses eingeleitet wurden. Die Insassen starben einen langen qualvollen Tod durch Ersticken an giftigen Abgasen. Später wurden an manchen Orten Gaskammern, wie in den großen Vernichtungslagern im Osten des Reiches, eingerichtet. Man schätzt, dass etwa 70.000 Behinderte während der Gewaltherrschaft der Nazis umgebracht wurden.

Denkmal der grauen Busse, Berlin ©Tom Benz-Hanke

Schreibe auf, mit welcher Begründung die Nazis behinderte und schwerkranke Menschen ermordeten. Wie nannten sie ihr „Programm“ und wie wurden die Menschen ermordet?

Name:	Datum:
Der Nationalsozialismus: Verfolgung im „Dritten Reich“ – Kirchenvertreter	

Verfolgung im „Dritten Reich“ – Kirchenvertreter

Zu Beginn der Machtergreifung der Nazis 1933 war Adolf Hitler darauf bedacht, ein gutes Verhältnis zu den beiden christlichen Kirchen zu haben, damit er seine Herrschaft erst einmal in Ruhe festigen konnte. In dem Glauben, dass die Versprechungen des neuen Reichskanzlers und Führers Adolf Hitler auch ihre Gültigkeit haben, waren die Kirchen anfangs zur Zusammenarbeit mit den Nazis bereit.

Für die Nazis hingegen stand ihr „Programm“ an erster Stelle: Beispielsweise die Schaffung einer neuen Herrenrasse, die Vernichtung der Juden, der „Gnadentod“ für Schwerkranke und Behinderte, sowie die Schaffung neuen Lebensraumes im Osten, der durch einen Krieg gegen Polen und die Sowjetunion erschlossen werden sollte. Die Anschauung der Kirchen wie die christliche Nächstenliebe passten nicht zur NS-Propaganda. Deshalb wurde vielen Pfarrern ein öffentliches Rede- und Predigtverbot erteilt.

Angesichts der menschenverachtenden Politik der Nazis wagten es einige unerschrockene Vertreter der katholischen und evangelischen Kirche, in ihren Sonntagspredigten diese Politik anzugreifen. Die Folge war, dass diese kritischen Pfarrer systematisch beobachtet, verfolgt und eingeschüchtert wurden. Sie erhielten Rede- und Predigtverbote, wurden verhaftet, gefoltert und zum Teil ermordet. Es gibt viele berühmte, aber auch weniger bekannte evangelische und katholische Geistliche, die sich offen gegen das Vorgehen der Nazis äußerten. Einige Namen und deren Geschichte kann man auf der Internetseite des Deutschen Historischen Museums nachlesen.

Tipp: http://www.dhm.de/lemo/html/nazi/widerstand/index.html

Bischof Clemens August Graf von Galen
Diese Abbildung entstammt der Bildersammlung des Bistumarchivs Münster.

Der katholische Bischof Clemens August Graf von Galen wandte sich in seinen Predigten offen gegen die terroristischen Übergriffe der Geheimen Staatspolizei (Gestapo). Im Sommer 1941 prangerte Galen öffentlich die „Euthanasie“ kranker und behinderter Menschen an und drohte, Anzeige wegen Mordes zu erstatten. Mit Rücksicht auf die Stimmung in der Bevölkerung ließ Adolf Hitler die Tötungsaktionen – offiziell – einstellen. Als die NS-Machthaber 1935/36 im Zuge des „Kirchenkampfs“ immer offensiver gegen Angehörige der Kirchen vorgingen, rechnete auch von Galen täglich mit seiner Verhaftung. Seine große Popularität bewahrte ihn jedoch davor.

Der evangelische Pastor Martin Niemöller wird während der NS-Zeit zu einem der konsequentesten Gegner der Nazis. Sein Widerstand gegen die Nazis führt dazu, dass er zuerst Redeverbot bekommt, sich aber nicht daran hält. Am 1. Juli 1937 wird er verhaftet und in das Konzentrationslager Sachsenhausen inhaftiert. Später wird er nach Dachau bei München verlegt, in dem viele politische Gegner hingerichtet wurden. Zum Glück überlebte er und wurde von amerikanischen Truppen 1945 aus dem KZ befreit.

Pastor Martin Niemöller

Schreibe auf, was die Nazis unternahmen, um Geistliche zum Schweigen zu bringen.

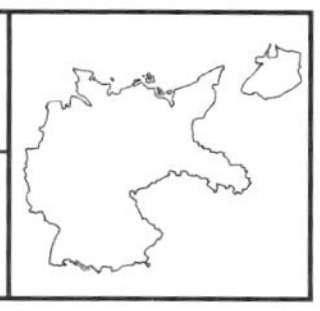

Erfahrungsbericht eines KZ-Häftlings

Gefangene im KZ Buchenwald, 1945

Auch heute noch, über 60 Jahre nach Ende des Zweiten Weltkrieges, können sich die Menschen kaum vorstellen, welche unvorstellbaren Gräuel die Nazis in den von ihnen errichteten Konzentrations- und Vernichtungslagern angerichtet haben. Es gab nicht nur große Konzentrationslager, sondern auch unzählige kleine Außenlager.
Speziell im besetzten Polen wurden die großen **Vernichtungslager** eingerichtet, in denen täglich tausende Unschuldige in den Gaskammern ermordet und deren Leichen dann in den Krematorien verbrannt wurden.

„Die Arbeitsvorgänge in den Krematorien von Auschwitz-Birkenau waren ökonomisch und rationell organisiert. Die SS teilte die Häftlinge des Sonderkommandos im Bereich der Gaskammern und Verbrennungsanlagen in mehrere Gruppen ein. Die Häftlinge der ersten Gruppe erwarteten die Opfer in den Entkleidungsräumen und waren gezwungen — gelegentlich auch durch ablenkende und täuschende Erklärungen — dafür zu sorgen, dass sich die Menschen zügig entkleideten. Diese Häftlinge sammelten danach auch die abgelegten Kleider und Besitztümer der Opfer, säuberten die Entkleidungsräume und bereiteten diese zur Aufnahme eines neuen Transports vor. Eine zweite Arbeitsgruppe musste nach dem Vergasungsvorgang die Leichen aus den Gaskammern schleppen und zu den Öfen des Krematoriums oder den Verbrennungsgruben befördern. Darüber hinaus mussten sie die Gaskammern reinigen. Eine dritte Gruppe von Häftlingen war gezwungen, den Toten die Goldzähne zu ziehen und die Haare abzuschneiden. Eine weitere Arbeitsgruppe musste die Leichen dann in die Öfen des Krematoriums schieben. Schließlich mussten Häftlinge des Sonderkommandos die Asche der Ermordeten entsorgen und somit die letzten Spuren der Vernichtung beseitigen. „Wir lebten wie auf einem anderen Planeten" — so versucht einer der Überlebenden die gespenstische Atmosphäre, die im Sonderkommando herrschte, zu beschreiben. Auf einem Planeten, auf dem es normal war, dass sich täglich tausende lebendige Menschen in kürzester Zeit in nichts als Rauch und Asche verwandelten."

vgl. *www.akdh.ch/soko-2.htm (akdh = Aktion Kinder des Holocaust)*

Name:	Datum:	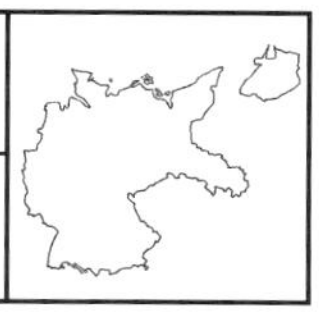
Der Nationalsozialismus: Widerstand im „Dritten Reich“		

Widerstand im „Dritten Reich“

Schon vor Beginn der Machtergreifung gab es in Deutschland einen Widerstand gegen die Nationalsozialisten. Doch leider muss man bedenken, dass die Nazis durch ihr System der Gleichschaltung der Bevölkerung einerseits und durch ihre „gesetzlichen Verbote“ andererseits, jeglichen Widerstand in Deutschland zu brechen versuchten.

Wer nicht für Hitler war, war in den Augen der Nazis somit automatisch gegen Hitler. Und diese Menschen, Gruppen und Organisationen, galt es zu bekämpfen. Regimegegner wurden bespitzelt, verfolgt, verhaftet, gefoltert, in die KZs verschleppt und viele wurden ermordet! Parteien – wie beispielsweise die KPD und SPD – wurden verboten und deren Anhänger verfolgt. Das galt ebenso für Organisationen, die es vor der Machtergreifung der Nazis schon lange gab. Beispielsweise wurde die SPD-nahe Arbeiterwohlfahrt verboten, ihre wichtigsten Vertreter verfolgt und verhaftet.

Dennoch versuchten verschiedene Gruppen, während der Naziherrschaft einen Widerstand im Geheimen aufzubauen und die Bevölkerung von der Schreckensherrschaft der „braunen Machthaber“ zu überzeugen. Viele Vertreter dieser Organisationen wurden von den Nazis gefasst und hingerichtet. Hier ein paar Beispiele:

			 ©Bundesarchiv	
Kirchenvertreter Der evangelische Theologe Dietrich Bonhoeffer wurde von den Nazis hingerichtet, der katholische Pater Rupert Mayer im KZ gefoltert.	**Arbeiterwohlfahrt** Die Gründerin der Arbeiterwohlfahrt, Marie Juchacz, wurde von den Nazis verfolgt. Sie musste in die USA flüchten und half nach dem Krieg der notleidenden Bevölkerung und baute ihre „AWO“ wieder auf.	**Die Weiße Rose** Zu dieser studentischen Widerstandsgruppe gehörten beispielsweise die Geschwister Scholl und ihr Freund Christian Probst. Für das Verteilen von Flugblättern wurden sie zum Tode verurteilt und mit dem Fallbeil hingerichtet.	**SPD-Politiker** Der spätere Bundeskanzler Willy Brandt, der eigentlich Herbert Frahm hieß, musste aus Deutschland fliehen, weil er Mitglied der SPD war.	**Offiziere gegen Hitler** Einer der bekanntesten Offiziere ist Graf Schenk von Stauffenberg. Anfangs war er ein großer Verehrer von Hitler. Während des Krieges aber änderte er seine Einstellung und war an dem Anschlag gegen Hitler vom 20. Juli 1944 beteiligt. Da Hitler den Anschlag überlebte, wurden Stauffenberg und seine Helfer kurz danach hingerichtet.

Überlege dir, warum es in Deutschland so schwierig war, offen oder auch im Geheimen einen Widerstand gegen Hitler aufzubauen.

____

____

____

____

____

Literaturtipp: Alfred Nobel, Sophie Scholl und Co. Kurzbiografien von faszinierenden Persönlichkeiten, Persen Verlag (Biografien zu Sophie Scholl, Marie Juchaz, Irena Sendler). ***Filmtipp:*** Sophie Scholl (2005)

Der Zweite Weltkrieg – Übersicht

Englische Karikatur zur Aufteilung Polens im September 1939:
Hitler: *„Der Abschaum der Erde, nehme ich an?“*
Stalin: *„Der blutige Mörder der Arbeiter, wie ich vermute?“*

1939 Am 1. September 1939 begann der Überfall des Deutschen Reiches auf das benachbarte Polen. Innerhalb von 18 Tagen wurde das noch junge Polen, dass erst 1918 mit dem Ende des Ersten Weltkrieges neu gegründet worden war, von deutschen Truppen besetzt. Aber nicht nur Deutschland, auch die Sowjetunion besetzte ab dem 17. September 1939 die östliche Hälfte Polens. Grundlage war ein Geheimabkommen mit der Sowjetunion, das Hitler mit dem sowjetischen Diktator Stalin am 23. August 1939 vereinbart hatte.
Ähnlich wie beim Ersten Weltkrieg setzte sich auch in diesem Fall ein System von Bündnisverpflichtungen in Gang. Frankreich und Großbritannien erklärten Deutschland den Krieg, hatten aber noch keine direkten Kampfhandlungen mit deutschen Truppen.
Nachdem Deutschland den Polenfeldzug erfolgreich beendet hatte, und weder Frankreich noch Großbritannien Deutschland angegriffen hatten, wagte Hitler seinen nächsten Feldzug.

1940 Im April 1940 besetzten deutsche Truppen die neutralen Staaten Dänemark und Norwegen. Im Mai 1940 begann dann der „Blitzkrieg“ gegen die Staaten westlich von Deutschland. Die neutralen Staaten Niederlande, Belgien und Luxemburg wurden überrannt und besetzt. Frankreich wurde sowohl an der deutsch-französischen Grenze als auch über das besetzte Belgien angegriffen. Der Feldzug wurde von den Deutschen mit so einer Geschwindigkeit und neuen Kriegstaktiken durchgeführt, dass die betroffenen Staaten kaum eine entsprechende Gegenwehr starten konnten.

1941 Ab März 1941 unterstützten deutsche Truppen den Bündnispartner Italien in Nordafrika (Lybien), die dort gegen britische Truppen kämpften. Im April 1941 wurden Jugoslawien und Griechenland besetzt und im Juni 1941 begann der Russlandfeldzug gegen die Sowjetunion, mit der Deutschland noch Ende August 1939 einen Nichtangriffspakt geschlossen hatte. Dabei wurden auch die drei baltischen Republiken Estland, Lettland und Litauen besetzt.

1942 Im November 1942 besetzte Deutschland die französische Kolonie Tunesien in Nordafrika.

Der Zweite Weltkrieg – Europakarte

Mit der Niederlage und der Kapitulation der deutschen 6. Armee in Stalingrad im Januar 1943 begann die lang erhoffte Wende dieses Krieges. Allmählich konnten die Alliierten (Großbritannien, Frankreich, USA und die Sowjetunion) Erfolge gegen Deutschland erringen. Schritt für Schritt wurden die deutschen Truppen geschlagen und zurückgedrängt. Im Juli 1943 begannen Briten und Amerikaner, Italien von Süden her zu befreien. Im Juni 1944 startete der Angriff der Alliierten in Nordfrankreich, von Osten her rückten sowjetische Truppen in westlicher Richtung auf Deutschland zu. Schließlich erreichten die Alliierten Deutschland selbst.

Adolf Hitler entzog sich durch Selbstmord im Führerhauptquartier in Berlin der Gefangennahme durch russische Truppen. Am 8. Mai 1945 unterzeichnete Deutschland die bedingungslose Kapitulation – der Zweite Weltkrieg in Europa war beendet. Der Krieg in Asien (Japan gegen die USA, Australien und Großbritannien) dauerte hingegen noch bis zum 2. September 1945.

Während des Zweiten Weltkrieges waren folgende Länder mit Deutschland verbündet: Italien, Finnland, Slowakei, Ungarn, Rumänien und Bulgarien. Albanien war von Italien besetzt.

Male die Verbündeten Deutschlands blau an, male alle Länder, die von Deutschland angegriffen und besetzt wurden, rot an.

Hierzu musst du den Text „Der Zweite Weltkrieg – Übersicht“ (Arbeitsblatt Seite 60) lesen.

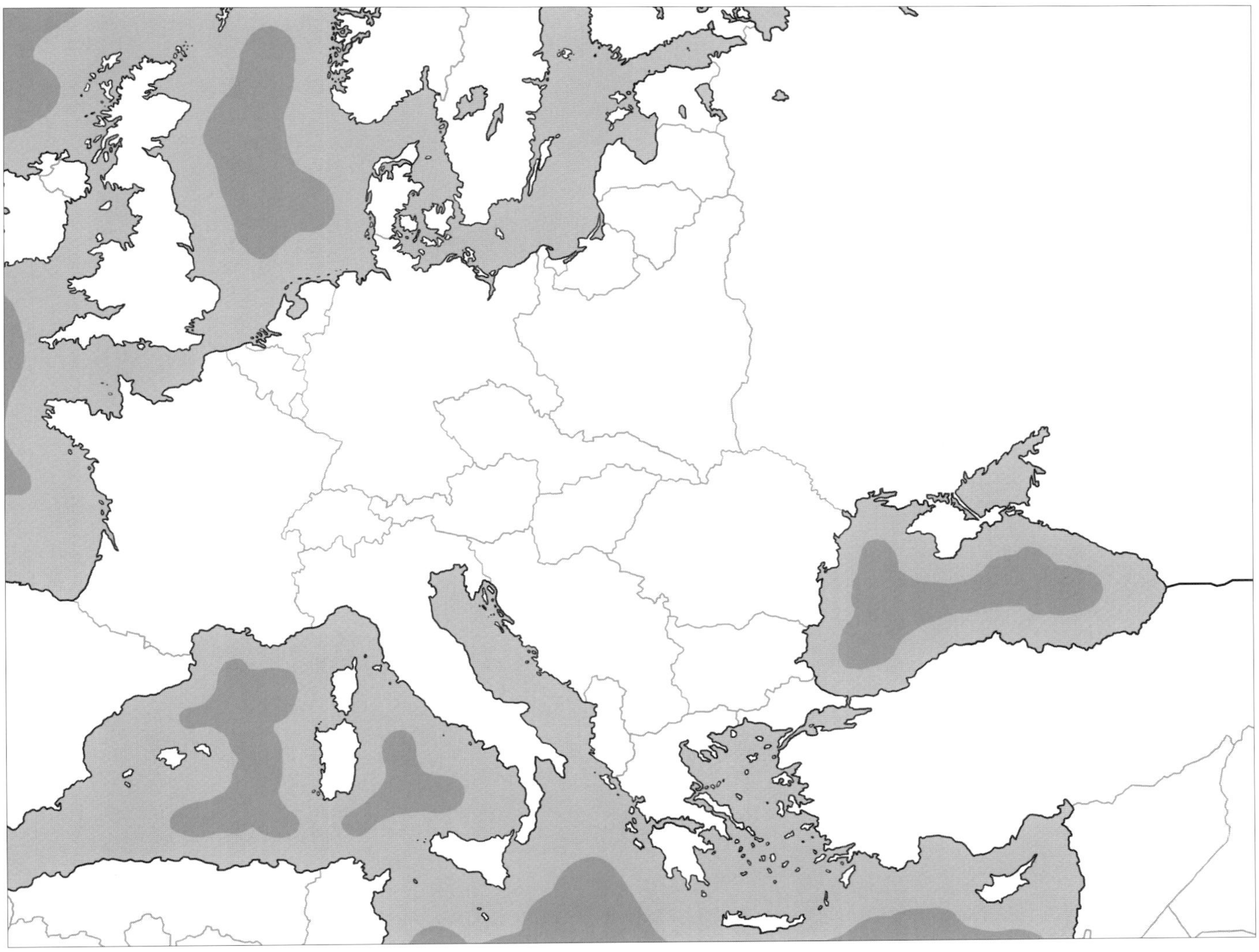

Die Opfer des Zweiten Weltkrieges

Früher dachten die Menschen, dass der Erste Weltkrieg der grausamste Krieg in der Geschichte der Menschheit war. Damals hatte man etwa zehn Millionen Tote zu beklagen. Die Bilanz des Zweiten Weltkrieges hingegen ist noch schrecklicher! Vor allen Dingen deshalb, weil dieser Krieg von den Deutschen mit einer bis dahin nie gekannten Brutalität und Grausamkeit auch gegen Zivilisten und die eigene Bevölkerung geführt wurde. Insgesamt sind etwa 50 Millionen Tote und Vermisste zu beklagen!

Eine genaue Übersicht über die Opfer des Zweiten Weltkrieges lässt sich nur schwer erstellen. Sicher hingegen ist, dass die Zahl der getöteten Zivilisten gegenüber den Soldaten fast doppelt so hoch ist. Die Gründe hierfür sind beispielsweise die millionenfache Ermordung der Menschen in den Vernichtungslagern der Deutschen. Dabei wurden etwa sechs Millionen Menschen jüdischen Glaubens ermordet. Es sind aber auch zahlreiche Opfer unter den Zivilisten bei den Bombardierungen von Städten in ganz Europa und vor allen Dingen in Deutschland zu beklagen.

Land	Gefallene Soldaten	Getötete Zivilisten
Frankreich	250.000	350.000
Deutschland	3.500.000	3.000.000
Italien	330.000	80.000
Großbritannien	440.000	62.000
Polen	320.000	5.000.000
Sowjetunion	6.500.000	über 12.000.000
USA	300.000	---
Japan	1.200.000	3.260.000
Jugoslawien	Zusammen über 1.000.000	

Diese Aufstellung beruht auf groben Schätzungen, außerdem sind nicht die Opfer aller betroffenen Staaten des Zweiten Weltkrieges hier aufgeführt.
(Quelle: dtv-Lexikon Geschichte)

Wichtig ist Folgendes: Man sollte niemals damit anfangen aufzurechnen, welches Land wie viele Opfer zu beklagen und wer welche Schuld auf sich geladen hat. Wichtiger ist, dass man sich niemals wieder auf so einen Krieg einlässt.

©akg-images

© Bundesarchiv, Bild 183-74237-004
Foto: Walter, Bernhard – 1944 Mai-Juni

Name:		Datum:
Geschichtstest Nr. – Nationalsozialismus und Zweiter Weltkrieg		**Seite 1**

1) Nenne zwei Gründe, warum immer mehr Menschen zwischen 1928 und 1933 die Partei der Nationalsozialisten wählten. Was für Versprechen machten die „Nazis“?

Die Menschen waren mit der bisherigen Politik unzufrieden. Mit zunehmender Arbeitslosigkeit wuchs die Unzufriedenheit im Land.

2

2) Wie hieß die Abkürzung für die Partei der Nationalsozialisten und wie hieß ihr Führer?

NSDAP, Adolf Hitler

2

3) Mit welchem „Schreckgespenst“ drohten Hitler und seine Partei 1933 im Reichstag, um das Ermächtigungsgesetz durchzusetzen?

Einem Bürgerkrieg im eigenen Land

1

4) Was durften Hitler und seine Regierung machen, als der Reichstag dem Ermächtigungsgesetz zugestimmt hatte? Erkläre, welche Bedeutung das hatte.

Sie durften Gesetze ohne die Zustimmung des Parlaments erlassen. Damit hatte sich das Parlament selbst „entmachtet“! Es war somit der Regierung hoffnungslos ausgeliefert.

2

5) Lies dir die folgenden Hinweise/Fragen genau durch und kreuze richtig an.

Welches Regierungsamt übernahm Hitler am 30.01.1933?
- [ ] Reichsminister
- [x] Reichskanzler
- [ ] Reichspräsident

Hitler war von Geburt her …
- [ ] Deutscher
- [x] Österreicher
- [ ] Schweizer

Mit dem Ermächtigungsgesetz wurden folgende Parteien verboten:
- [ ] NSDAP
- [x] KPD
- [x] SPD

Wie ließ sich Hitler nennen, nachdem er alle Macht besaß?
- [ ] Herrscher
- [x] Führer
- [ ] Diktator

Welches Regierungsamt übernahm Hitler nach dem Tod Hindenburgs?
- [ ] Reichsminister
- [ ] Reichskanzler
- [x] Reichspräsident

In wie viele Besatzungszonen wurde Deutschland nach dem Krieg aufgeteilt?
- [ ] drei
- [x] vier
- [ ] fünf

3

6) Mit welchem Ereignis begann wann der Zweite Weltkrieg?

Dem Überfall auf Polen am 01. September 1939

2

7) Nenne die vier großen Gegner (Länder) Deutschlands, die gegen das „Dritte Reich“ in Europa kämpften.

Sowjetunion, Großbritannien, USA, Frankreich

2

Name:	Datum:	
Geschichtstest Nr. – Nationalsozialismus und Zweiter Weltkrieg		**Seite 2a**

8) Wann und mit welchem Ergebnis endete der Zweite Weltkrieg in Europa?

Am 08. Mai 1945 mit der bedingungslosen Kapitulation Deutschlands

2

9) Welche Bevölkerungsgruppe hatte in Deutschland nach der Machtergreifung der Nationalsozialisten am meisten zu leiden? Die Juden

1

10) Fülle den folgenden Lückentext aus.

Die Bevölkerung in der Weimarer Republik war mit der Politik der bisherigen Regierungen unzufrieden. Durch die 1928 aufkommende Weltwirtschaftskrise stieg in Deutschland die Arbeitslosigkeit massiv an. Bis Januar 1933 waren über sechs Millionen Menschen in Deutschland arbeitslos. Diesen Zustand der großen Arbeitslosigkeit und die Unzufriedenheit in der Bevölkerung nutzten die Nationalsozialisten für sich aus. Sie versprachen den Wählern, für Arbeitsplätze zu sorgen und die Bedingungen des verhassten Versailler Vertrages rückgängig zu machen.

Nach den Reichstagswahlen vom November 1932 wurde die NSDAP die stärkste Partei und im Januar 1933 wurde Adolf Hitler zum neuen Reichskanzler ernannt. Schon im März 1933 wurde das Ermächtigungsgesetz von den „Nazis“ im Parlament durchgesetzt. Mithilfe dieses Gesetzes wurden die anderen Parteien verboten und Hitlers Partei, die NSDAP, die einzige zugelassene Partei in Deutschland.

Nach dem Tod des Reichspräsidenten Hindenburg riss Hitler auch dieses Amt an sich. Damit wurde er zum Diktator und Alleinherrscher in Deutschland. Da die Arbeitslosigkeit in Deutschland sank, und Deutschland bis März 1939 verschiedene Gebiete ins Deutsche Reich einverleibte, waren viele Deutsche mit der Politik der „Nazis“ zufrieden. Dass dabei aber viel Unrecht geschah, nahmen viele einfach hin. Wer offen gegen die Politik Hitlers Stellung bezog, wurde in der Regel verhaftet und in ein Konzentrationslager verschleppt. Die Juden in Deutschland, und später in den während des Zweiten Weltkrieges von den Deutschen besetzten Gebieten, wurden systematisch ermordet.

Mit dem Überfall auf Polen begann 1939 der Zweite Weltkrieg. Dieser Krieg, der mehr als fünfeinhalb Jahre dauerte, forderte etwa 50 Millionen Opfer. Mit der bedingungslosen Kapitulation Deutschlands wurde im Mai 1945 dieser schreckliche Krieg in Europa beendet.

7

Kapitulation Polen Diktator Weimarer Republik Juden Arbeitslosigkeit Konzentrationslager Politik Unzufriedenheit Versailler Vertrages Ermächtigungsgesetz Reichskanzler Parteien Reichspräsidenten

Gesamtpunktzahl: 24 **erreichte Punktzahl:**

Durchschnitt:____ **Note:** ____

Name:		Datum:
Geschichtstest Nr. – Nationalsozialismus und Zweiter Weltkrieg		**Seite 2b**

8) Wann und mit welchem Ergebnis endete der Zweite Weltkrieg in Europa?

Am 08. Mai 1945 mit der bedingungslosen Kapitulation Deutschlands.

2

9) Welche Bevölkerungsgruppe hatte in Deutschland nach der Machtergreifung der Nationalsozialisten am meisten zu leiden? Die Juden

1

10) Fülle den folgenden Lückentext aus.

Die Bevölkerung in der Weimarer Republik war mit der Politik der bisherigen Regierungen unzufrieden. Durch die 1928 aufkommende Weltwirtschaftskrise stieg in Deutschland die Arbeitslosigkeit massiv an. Bis Januar 1933 waren über sechs Millionen Menschen in Deutschland arbeitslos. Diesen Zustand der großen Arbeitslosigkeit und die Unzufriedenheit in der Bevölkerung nutzten die Nationalsozialisten für sich aus. Sie versprachen den Wählern, für Arbeitsplätze zu sorgen und die Bedingungen des verhassten Versailler Vertrages rückgängig zu machen.

Nach den Reichstagswahlen vom November 1932 wurde die NSDAP die stärkste Partei und im Januar 1933 wurde Adolf Hitler zum neuen Reichskanzler ernannt. Schon im März 1933 wurde das Ermächtigungsgesetz von den „Nazis“ im Parlament durchgesetzt. Mithilfe dieses Gesetzes wurden die anderen Parteien verboten und Hitlers Partei, die NSDAP, die einzige zugelassene Partei in Deutschland.

Nach dem Tod des Reichspräsidenten Hindenburg riss Hitler auch dieses Amt an sich. Damit wurde er zum Diktator und Alleinherrscher in Deutschland. Da die Arbeitslosigkeit in Deutschland sank, und Deutschland bis März 1939 verschiedene Gebiete ins Deutsche Reich einverleibte, waren viele Deutsche mit der Politik der „Nazis“ zufrieden. Dass dabei aber viel Unrecht geschah, nahmen viele einfach hin. Wer offen gegen die Politik Hitlers Stellung bezog, wurde in der Regel verhaftet und in ein Konzentrationslager verschleppt. Die Juden in Deutschland, und später in den während des Zweiten Weltkrieges von den Deutschen besetzten Gebieten, wurden systematisch ermordet.

Mit dem Überfall auf Polen begann 1939 der Zweite Weltkrieg. Dieser Krieg, der mehr als fünfeinhalb Jahre dauerte, forderte etwa 50 Millionen Opfer. Mit der bedingungslosen Kapitulation Deutschlands wurde im Mai 1945 dieser schreckliche Krieg in Europa beendet.

14

Gesamtpunktzahl: 31 **erreichte Punktzahl:**

Durchschnitt: ____ **Note:** ____

Name: | Datum:

Exkurs: Ist Frieden zwischen verfeindeten Völkern möglich?

Ist Frieden zwischen verfeindeten Völkern möglich? Deutschland und Frankreich haben es geschafft!

Die lange leidvolle Geschichte zwischen Deutschland und Frankreich bis zum Ende des Zweiten Weltkrieges zeigt, dass zwei Staaten, die fast jahrhundertelang verfeindet waren, auch friedlich nebeneinander und miteinander bestehen können.

1793	1794	1795	1796	1797	1798	1799	1800	1801	1802	1803	1804	1805	1806	1807	1808	1809
1810	1811	1812	1813	1814	1815	1816	1817	1818	1819	1820	1821	1822	1823	1824	1825	1826
1827	1828	1829	1830	1831	1832	1833	1834	1835	1836	1837	1838	1839	1840	1841	1842	1843
1844	1845	1846	1847	1848	1849	1850	1851	1852	1853	1854	1855	1856	1857	1858	1859	1860
1861	1862	1863	1864	1865	1866	1867	1868	1869	1870	1871	1872	1873	1874	1875	1876	1877
1878	1879	1880	1881	1882	1883	1884	1885	1886	1887	1888	1889	1890	1891	1892	1893	1894
1895	1896	1897	1898	1899	1900	1901	1902	1903	1904	1905	1906	1907	1908	1909	1910	1911
1912	1913	1914	1915	1916	1917	1918	1919	1920	1921	1922	1923	1924	1925	1926	1927	1928
1929	1930	1931	1932	1933	1934	1935	1936	1937	1938	1939	1940	1941	1942	1943	1944	1945

Zeitleiste: *Jahre, in denen es Kriege zwischen „Deutschland“ (bzw. deutschen Fürstenstaaten) und Frankreich seit Napoleon bis zum Ende des Zweiten Weltkrieges gab.*

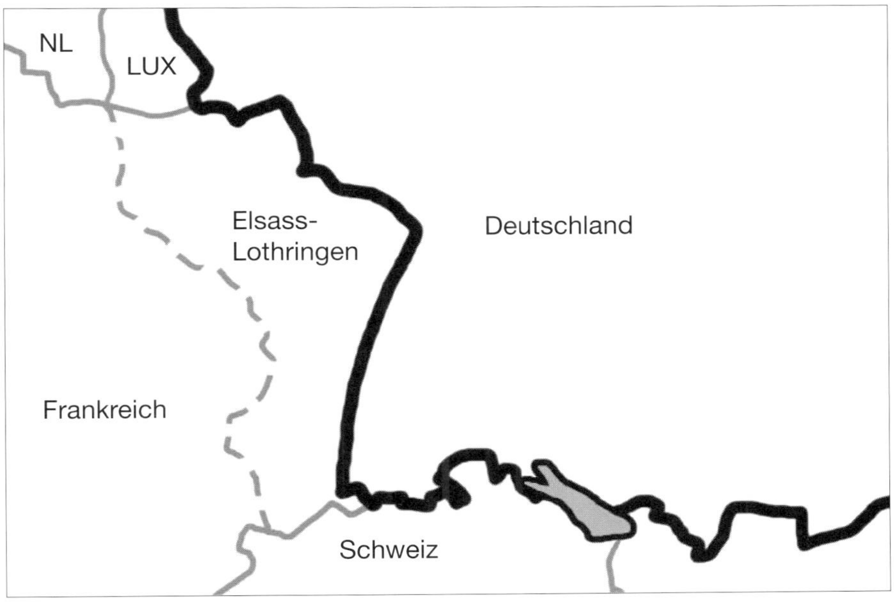

Karte: Elsass-Lothringen

Leider waren die Herrschenden zur Zeit des Zweiten Weltkrieges und der vielen Epochen davor meist von Hass, Macht, Überheblichkeit und Geringschätzung gegenüber den Nachbarn geprägt. Die Folge waren zahlreiche Kriege, die Schmerz, Leid, unzählige Opfer und wieder neuen Hass hervorbrachten.

Das Gebiet Elsass-Lothringen war über Jahrhunderte „Zankapfel“ zwischen Deutschland und Frankreich. Vom Sprachgebiet und der kulturellen Prägung war dieses Gebiet eher „deutsch“, doch die Jahre unter französischer Flagge zeigten, dass die Menschen auch in diesem Staat glücklich leben konnten und können.

Dass es seit Ende des Zweiten Weltkrieges 1945 zwischen Frankreich und Deutschland überhaupt eine so lange Phase des Friedens gibt, ist unter anderem einigen Politikern in beiden Staaten zu verdanken, die erkannt haben, dass man mit gegenseitigem Hass, Misstrauen und Missgunst dem Anderen gegenüber auf kurz oder lang zu keinem langen dauerhaften Frieden kommen kann. Einer dieser Politiker, **Robert Schuman**, kämpfte während des Ersten Weltkrieges auf deutscher Seite, während des Zweiten Weltkrieges für Frankreich.

Name: Datum:

Exkurs: Ist Frieden zwischen verfeindeten Völkern möglich?
Robert Schuman – Mitbegründer der europäischen Einigung

©Bundesarchiv: Bild 183-19000-2453 | Foto: o.Ang. | August 1945

Name: Robert Schuman

geboren: 2. Juni 1886 in: Luxemburg

gestorben: 4. September 1963 in: Scy-Chazelles (Frankreich)

Beruf(e): Rechtsanwalt/verschiedene Ministerämter in Frankreich

Leistung/Verdienste: Bemühungen zur Gründung der Montanunion (Vorgängerorganisation der heutigen EU)

Auszeichnungen: Internationaler Karlspreis, Ehrendoktorwürde

Die Lebensgeschichte dieses Mannes zeigt, wie jemand, der zwischen Deutschland und Frankreich hin- und hergerissen wurde, nach dem Zweiten Weltkrieg seine Kraft dafür einsetzte, dass sich die späteren Staatsführer der beiden bisherigen „Erbfeinde" aufeinander zu bewegten. Durch sein Engagement war es gelungen, dass Deutschland und Frankreich nach dem Zweiten Weltkrieg lernten, miteinander in Frieden zu leben, und die beiden ehemaligen Feinde gehören heute zu den wichtigsten Staaten in Europa, die sich für Frieden und friedlichen Handel einsetzen. Ihm ist die Gründung der Montanunion, der Vorgängerorganisation der heutigen Europäischen Union, zu verdanken.

Robert Schuman wurde am 29. Juni 1886 in Luxemburg geboren. Robert Schumans Vater, Jean-Pierre Schuman, war von Geburt her Lothringer. Als das Gebiet Elsaß-Lothringen nach dem deutsch-französischen Krieg von 1870/71 an das deutsche Kaiserreich überging, erhielt Robert Schuman automatisch die deutsche Staatsbürgerschaft.

Er wurde während seines Lebens sowohl von der deutschen als auch von der französischen Kultur geprägt. Nach seinem Abitur studierte der junge Robert an der Universität Bonn Jura (Rechtswissenschaft) und promovierte 1910 in Berlin mit Auszeichnung. Anschließend arbeitete er als Rechtsanwalt.

Mit dem Beginn des Ersten Weltkrieges wurde er Offizier in der kaiserlich deutschen Armee. Nachdem Deutschland den Ersten Weltkrieg verloren hatte, und das Gebiet Elsaß-Lothringen wieder an Frankreich angegliedert wurde, nahm Robert Schuman die französische Staatsbürgerschaft an. Er wandte sich dann der Politik zu und wurde als Abgeordneter Lothringens in die französische Nationalversammlung gewählt.

Nach dem Beginn des Zweiten Weltkrieges, das Gebiet Elsaß-Lothringen wurde wieder dem Deutschen Reich einverleibt, wurde Robert Schuman im Jahr 1941 von der Gestapo verhaftet und inhaftiert. Nachdem ihm 1942 die Flucht aus dem Gefängnis Neustadt an der Weinstraße gelang, schlug er sich in das von den Deutschen besetzte Frankreich durch und nahm Kontakt mit der dortigen Widerstandsbewegung „Resistance" auf.

Nach dem Ende des Zweiten Weltkrieges wurde Robert Schuman wieder als Abgeordneter in die französische Nationalversammlung gewählt. In den darauf folgenden Jahren hatte er verschiedene Ministerämter inne. Zuerst war er 1946 für sechs Monate Finanzminister, 1947 Ministerpräsident und von 1948 bis 1953 Außenminister Frankreichs.

Aufgrund seiner Erfahrungen als deutscher und später französischer Staatsbürger erkannte Robert Schuman sehr schnell, dass Europa nur durch eine Aussöhnung Deutschlands mit Frankreich und die Gründung einer „Europäischen Gemeinschaft" den Frieden in Europa langfristig sichern würde.

Exkurs: Ist Frieden zwischen verfeindeten Völkern möglich?
Robert Schuman – Mitbegründer der europäischen Einigung

Seiner politischen Arbeit war es schließlich zu verdanken, dass am 18. April 1951 – knapp sechs Jahre nach dem schrecklichen Zweiten Weltkrieg – die ehemaligen Feinde Deutschland und Frankreich gemeinsam mit den drei „BeNeLux-Staaten“ (Belgien, Niederlande und Luxemburg) und Italien an einem Tisch saßen und die Gründungsverträge für die Montanunion in Paris unterzeichneten. Die Gründung und spätere Zusammenarbeit dieses ersten Wirtschaftsbündnisses für Kohle und Stahl war zum Glück so erfolgreich, dass sich im Laufe der folgenden Jahre weitere europäische Staaten diesem wirtschaftlichen Bündnis anschlossen. Aus dieser ersten „Keimzelle“ des friedlichen Zusammenlebens und Arbeitens ist die Europäische Union entstanden, der im Jahr 2008 27 europäische Staaten angehören.
Robert Schuman wurde zum ersten Präsidenten des Europäischen Parlaments gewählt. Für seine Bemühungen um eine friedliche Zusammenarbeit in Europa, und Frankreich und Deutschland im Besonderen, wurde ihm unter anderem die Ehrendoktorwürde und der Karlspreis der Stadt Aachen verliehen.
Am 4. September 1963 starb Robert Schuman in Scy-Chazelles bei Metz.

Dank der Initiative von Robert Schuman und dem guten Willen der damaligen Staatsführer Präsident Charles de Gaulle aus Frankreich und dem deutschen Bundeskanzler Konrad Adenauer, entwickelte sich aus der Hoffnung auf einen dauerhaften Frieden die deutsch-französische Freundschaft, die zum Glück aller Beteiligten bis heute ein großer Erfolg und die Garantie dafür ist, dass sich diese beiden ehemals verfeindeten Staaten nicht mehr bekriegen.

© Bundesarchiv Bild F015802-0010
Foto: Wegmann, Ludwig 14. Juli 1953

Denkmal „Mutter Elsass“ in Straßburg Foto: Deeg, Iris

Für die Menschen des Gebietes Elsass-Lothringen, das mehrmals zwischen Deutschland und Frankreich hin- und herwechselte, wurde in Straßburg eigens ein Denkmal errichtet. Die „Mutter Elsass“ symbolisiert hierbei eine Frau, die ihre beiden sterbenden Söhne auf dem Schoß hat. Den einen gab sie für Frankreich, den anderen für Deutschland.

Aufgaben:

1) Überprüfe mithilfe der Zeitleiste, wie lange die längste Friedensperiode zwischen Deutschland und Frankreich im Zeitraum von 1793 bis 1945 dauerte, sowie zwischen dem Ende des Zweiten Weltkrieges 1945 bis heute. Was stellst du fest?
2) Wie viele Jahre führten diese beiden Länder seit 1793 Krieg gegeneinander?
3) Lies den Infotext zu Robert Schuman aufmerksam durch und fülle den Steckbrief aus.
4) Warum setzte sich Robert Schuman für eine „Europäische Gemeinschaft“ und eine Aussöhnung zwischen Deutschland und Frankreich ein?

Zeitleiste

1862	1863	1864	1865	1866	1867	1868	1869	1870	1871	1872	1873	1874	1875

1876	1877	1878	1879	1880	1881	1882	1883	1884	1885	1886	1887	1888	1889

1890	1891	1892	1893	1894	1895	1896	1897	1898	1899	1900	1901	1902	1903

1904	1905	1906	1907	1908	1909	1910	1911	1912	1913	1914	1915	1916	1917

1918	1919	1920	1921	1922	1923	1924	1925	1926	1927	1928	1929	1930	1931

1932	1933	1934	1935	1936	1937	1938	1939	1940	1941	1942	1943	1944	1945

Aufgabe

1) Schneide die einzelnen Abschnitte der Zeitleiste aus und klebe diese dann auf stabilem Karton an den Laschen zu einer durchgehenden Zeitleiste zusammen.

2) Ordne die Abbildungen der nächsten beiden Arbeitsblätter der Zeitleiste zu: Schneide die Abbildungen aus und klebe sie an die richtige Position der Zeitleiste. Verbinde Abbildung und entsprechende Jahreszahl(en) mit Pfeilen.

4) Markiere zusätzlich in der ersten Zeile unter den Jahreszahlen die Jahre, in denen Bismarck, Kaiser Wilhelm II. und Adolf Hitler an der Macht waren, jeweils in einer Farbe. In der zweiten Zeile markiere die Jahre, in denen Deutschland an Kriegen beteiligt war.

Abbildungen zur Zeitleiste I

©akg-images

©akg-images

© Bundesarchiv, Bild 183-74237-004
Foto: Walter, Bernhard – 1944 Mai-Juni

© Bundesarchiv Bild F015802-0010
Foto: Wegmann, Ludwig 14. Juli 1953

Abbildungen zur Zeitleiste II

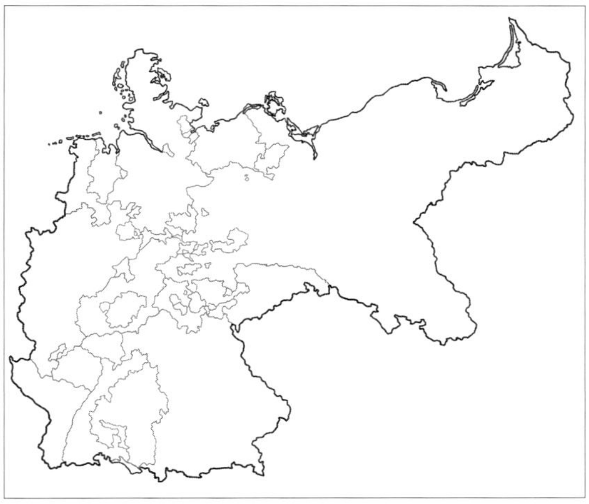

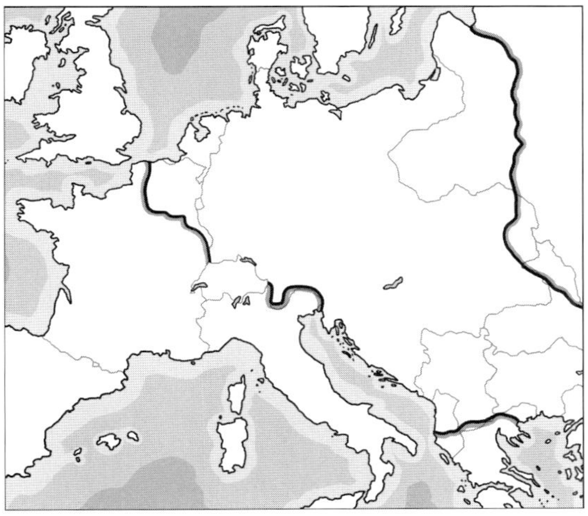

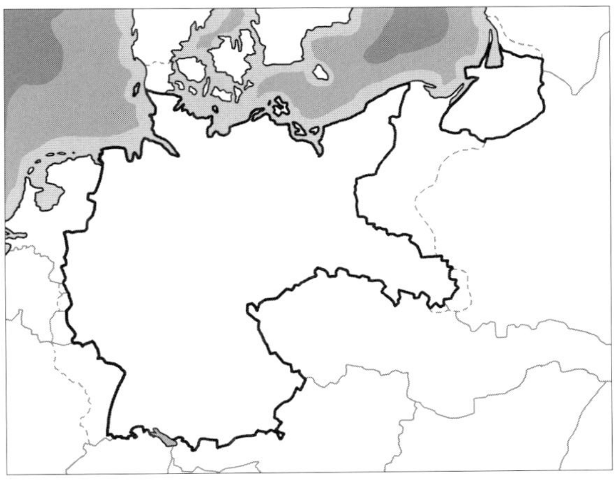

Wie hieß der deutsche Politiker, der die Gründung des deutschen Kaiserreiches vorantrieb?  *Otto von Bismarck*	**Nenne zwei „Mittel“, wie Bismarck die Gründung des deutschen Kaiserreiches erreichte.** • *durch Kriege,* • *durch Bündnispolitik,* • *durch Eingliederung von kleineren deutschen Staaten/Ländern in das Königreich Preußen*	**Gegen welche europäische Großmacht führten die deutschen Länder in den Jahren 1870/71 Krieg?** *gegen Frankreich*
Warum wollte Bismarck unbedingt alle deutschen Länder im Deutschen Kaiserreich vereinen? *Damit Deutschland in Europa zur Großmacht wurde.*	**Wo und in welchem Jahr wurde das Deutsche Kaiserreich gegründet?** *1871 im Spiegelsaal von Schloss Versailles (Paris)*	**Wie versuchte Bismarck nach der Reichsgründung 1871, den Frieden in Europa für Deutschland zu sichern?** *durch Bündnispolitik und durch Nichtangriffspakte*
Nenne die fünf Großmächte, die es nach der Reichsgründung 1871 in Europa gab. *Deutschland* *Frankreich* *Großbritannien* *Russland* *Österreich-Ungarn*	**Welche wichtigen Änderungen führte Bismarck nach der Reichsgründung in Deutschland ein?** • *einheitliche Währung (Deutsche Mark)* • *einheitliche Maße und Gewichte* • *einheitliche Gesetze* • *Schutzzölle (gegen ausländische Waren)* • *„Arbeiterschutzgesetze“ (Sozialgesetzgebung)*	**Zähle die Arbeiterschutzgesetze auf, die Bismarck in den Jahren 1883 bis 1889 in Deutschland einführte.** • *(1883) Krankenversicherungsgesetz* • *(1884) Unfallversicherungsgesetz* • *(1889) Invaliden- und Altersversicherungsgesetz (Rentenversicherung)*

Lernkarten II

Warum führte Bismarck in den Jahren 1883 bis 1889 die „Arbeiterschutzgesetze“ ein?

Um den Zulauf der Arbeiter zu den sogenannten Arbeitervereinen (politische Gruppen) zu stoppen.

Mit welcher Großmacht schloss Bismarck ein militärisches Bündnis (Beistandspakt)?

Kaiserreich Österreich-Ungarn

Mit welcher Großmacht schloss Bismarck einen geheimen Nichtangriffspakt ab?

Kaiserreich (Zarenreich) Russland

Was war der Grund, dass Bismarck mit Russland einen Nichtangriffspakt schloss?

Deutschland sollte durch den Nichtangriffspakt nicht in einen möglichen Zweifrontenkrieg gegen Frankreich und Russland geraten.

Wie hieß der Kaiser, der Bismarck 1890 als Reichskanzler entließ?

Kaiser Wilhelm II.

Warum entließ Kaiser Wilhelm II. den Reichskanzler Bismarck?

Er wollte nicht „im Schatten“ des berühmten und mächtigen Reichskanzlers stehen, sondern selbst die Richtung der deutschen Politik bestimmen.

Welche Vorteile brachten die Einführung einer gemeinsamen Währung, einheitlicher Maße und einheitlicher Gesetze den Menschen in Deutschland?

- *Jeder konnte im ganzen Reich mit dem gleichen Geld bezahlen.*
- *Im ganzen Reich galten die gleichen Gesetze.*
- *Jeder Betrieb in Handwerk und Industrie konnte nun mit den gleichen Maßen und Gewichten arbeiten.*

Welchen wichtigen Vertrag mit einer anderen Großmacht erneuerte Kaiser Wilhelm II. nicht?

den Nichtangriffspakt mit Russland

Warum wurde bei der Reichsgründung der preußische König Wilhelm I. zum deutschen Kaiser gewählt?

Weil Preußen das mächtigste und größte Königreich unter den deutschen Staaten war. Fast die Hälfte des Reichsgebietes gehörte zum Königreich Preußen.

Was ist die Bedeutung eines (militärischen) Beistandspaktes? *Die Unterzeichner verpflichten sich im Falle eines Angriffs auf einen Verbündeten, diesen militärisch zu unterstützen.*	**Was ist die Bedeutung von „Neutralität“?** *Die Betreffenden halten sich aus den „Streitigkeiten“ anderer heraus und unterstützen keine der „Streitparteien“.*	**Was ist die Bedeutung von „Mobilmachung“?** *Ein Staat bereitet seine Armee (Soldaten) darauf vor, möglichst schnell in den Krieg ziehen zu können.*
Was ist die Bedeutung von „Zweifrontenkrieg“? *Wenn ein Land gegen mindestens zwei andere Länder an unterschiedlichen Grenzen (Seiten) kämpfen muss.*	**Was ist die Bedeutung von einem „Nichtangriffspakt“?** *Wenn sich mindestens zwei Länder vertraglich dazu verpflichten, sich nicht gegenseitig anzugreifen.*	**Was ist die Bedeutung von „Kapitulation“?** *Wenn ein Land erkennt, dass es nicht mehr weiter kämpfen kann und sich dem Sieger unterwirft (das Kämpfen aufgibt).*
Was ist die Bedeutung von einer „Revolution“? *Wenn die Bürger in einem Land sich gegen die herrschende Regierung erheben und diese absetzen.*	**Was ist die Bedeutung von „Kriegspropaganda“?** *Wenn man die Bevölkerung durch gezielte und ausgesuchte Informationen beeinflusst.*	**Was ist ein „Friedensvertrag“?** *Wenn sich zuvor im Krieg befindliche Staaten darauf einigen, wieder friedlich miteinander zu leben und die Bedingungen hierfür in einen Vertrag festlegen.*

Nenne zwei Ursachen, die zum Ausbruch des Ersten Weltkrieges geführt haben. *• übertriebener Nationalismus Wettrüsten (z.B. Aufbau einer großen deutschen Seemacht)* *• Kampf um Absatzmärkte* *• Ausbau der Kolonialreiche* *• veränderte Bündnispolitik zwischen den Großmächten in Europa*	**Welches Ereignis war der Grund für den Ausbruch des Ersten Weltkrieges?** *die Ermordung des österreichischen Thronfolgers in Sarajewo*	**Welche europäische Großmacht erklärte welchem Land als Erstes den Krieg?** *Das Kaiserreich Österreich-Ungarn erklärte am 28. Juli 1914 Serbien den Krieg.*
Welche europäischen Großmächte waren zu Beginn des Ersten Weltkrieges miteinander verbündet? *Großbritannien, Frankreich und Russland* *Deutschland, Österreich-Ungarn*	**Zähle mindestens drei Länder in Europa auf, die sich nicht am Ersten Weltkrieg beteiligten.** *Schweiz, Norwegen, Schweden, Dänemark, Spanien, Niederlande*	**Mit welchem großen Problem (das Bismarck immer zu verhindern suchte) hatte Deutschland im Ersten Weltkrieg zu kämpfen?** *Deutschland musste einen „Zweifrontenkrieg“ führen. Im Westen gegen Frankreich und Großbritannien, im Osten gegen Russland.*
Zähle drei Beispiele auf, welche neuen schrecklichen Waffen während des Ersten Weltkrieges zum Einsatz kamen. *• Gas* *• Panzer* *• Flugzeuge* *• Maschinengewehre* *• Kriegsschiffe aus Stahl* *• U-Boote*	**Mit welchem Land konnte Deutschland im März 1918 zuerst einen Waffenstillstand und dann einen Friedensvertrag schließen?** *Russland*	**Wieso konnte Deutschland im März 1918 mit Russland einen Friedensvertrag schließen?** *Deutschland unterstützte die Revolution in Russland dadurch, dass es dem Führer der Revolutionäre – Lenin – im April 1917 freies Geleit durch Deutschland gewährte. Lenin versprach, nach der Machtübernahme den Krieg mit Deutschland zu beenden.*

Warum erklärten im April 1917 die USA Deutschland den Krieg? *Deutsche U-Boote hatten amerikanische (Transport)-Schiffe im Atlantik versenkt, die auch kriegswichtige Güter nach Großbritannien bringen wollten.*	**Was war die „Besonderheit“ bei der deutschen Kapitulation am Ende des Ersten Weltkrieges im November 1918?** *Es stand kein einziger feindlicher Soldat auf deutschem Territorium. Die Deutschen waren nicht mehr in der Lage, sowohl ausreichend Soldaten als auch Waffen und sonstige Güter für den Krieg aufzubringen.*	**Warum stellten die Teilnehmerstaaten des Ersten Weltkrieges so viele Kriegspropagandaplakate her?** *Man wollte der Bevölkerung zeigen, wie einfach der Krieg sein kann. Wie dumm, schwach oder grausam die jeweiligen Gegner sind.*
In welchem Land fand 1918 eine Revolution statt, die dazu führte, dass das Land seinen Krieg gegen Deutschland einstellte? *Russland*	**Wie endete der Erste Weltkrieg?** *Mit der Kapitulation (Niederlage) Deutschlands/ mit dem Sieg der führenden Westmächte USA, Frankreich und Großbritannien*	**Welche Folgen hatte der Friedensvertrag zwischen Deutschland und Russland für Russland selbst?** *Russland musste große Gebiete im Westen des Reiches abgeben und der Gründung von sechs neuen Staaten, die zum Teil zwischen Deutschland und Russland lagen, zustimmen.*
Unter welchem Namen ist der Führer der russischen Oktoberrevolution Wladimir Iljitsch Uljanow allgemein bekannt? *Lenin*	**Welchen Vertrag empfand die deutsche Regierung und das deutsche Volk nach Beendigung des Ersten Weltkrieges als Ungerechtigkeit?** *den Friedensvertrag von Versailles* *(Deutschland musste unter anderem die Alleinschuld am Ausbruch des Ersten Weltkrieges anerkennen.)*	**Nenne drei wichtige Bedingungen des Friedesvertrages von Versailles, die dem Deutschen Reich diktiert wurden.** • *Deutschland musste die Alleinschuld am Ausbruch des Ersten Weltkrieges anerkennen* • *Deutschland musste viele Landgebiete an die Siegermächte abgeben.* • *Deutschland verlor all seine Kolonien* • *Deutschland musste seine Armee verkleinern* • *Deutschland durfte keine schweren Waffen mehr besitzen* • *Reparationszahlungen*

Welche Folgen hatte die britische Seeblockade für Deutschland während des Ersten Weltkrieges?

- *über den Seeweg kamen keine wichtigen Güter/Rohstoffe/Waren ins Reich*
- *Rohstoffe wurden immer knapper*
- *das Volk musste Hunger leiden*

Welches Gebiet in Europa wurde mehrmals von Deutschland und Frankreich in Besitz genommen?

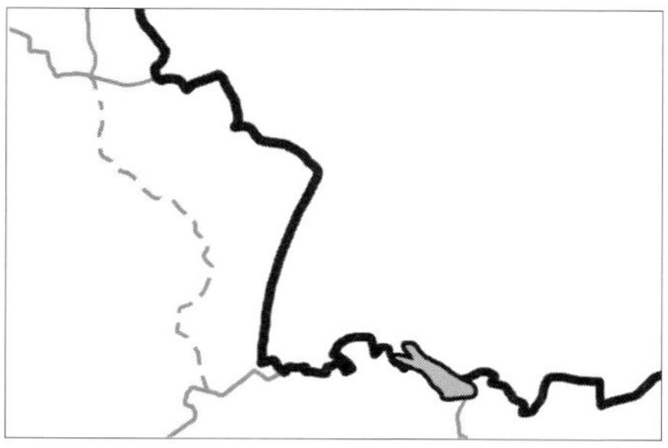

Elsass-Lothringen

Welches besondere Ereignis unterstützte Deutschland 1917 in Russland und welche wichtigen Folgen hatte dies?

- *Oktoberrevolution in Russland*
- *Abschaffung der Monarchie in Russland*
- *Friedensvertrag von Brest-Litowsk zwischen Deutschland und Russland*

Welche Folgen hatte das Kriegsende für Österreich-Ungarn?

Der Vielvölkerstaat Österreich-Ungarn „zerfällt". Es werden drei neue Staaten gebildet (Jugoslawien, Ungarn, Tschechoslowakei) und Teile des ehemaligen Staatsgebietes anderen Siegerländern zugesprochen (Polen, Rumänien, Italien).

Welche Folgen hatte das Kriegsende für Deutschland? Nenne drei Beispiele.

- *Gebietsabtretungen an andere Länder (Polen, Dänemark, Frankreich, Belgien, Tschechoslowakei)*
- *Zahlung von Kriegsentschädigung an die Sieger (Reparationszahlungen)*
- *Abschaffung der Wehrpflicht*
- *Abschaffung von Waffen wie Panzern, Kriegsschiffen, Flugzeugen*
- *Anerkennung der Alleinschuld Deutschlands für den Ausbruch des Krieges*
- *Entmilitarisierung der linksrheinischen Gebiete*

Welche besondere politische Veränderung passierte in Deutschland nach Beendigung des Ersten Weltkrieges?

Die Monarchie (Kaiser, Könige) wurde abgeschafft. Deutschland wurde eine Republik.

Was bedeutet „Inflation"?

Geldentwertung – das Geld wird immer weniger wert. Man kann deshalb weniger Waren kaufen.

Was bedeutet „Reparationszahlung"?

Kriegsentschädigung bezahlen. Wenn jemand (wie zum Beispiel Deutschland nach dem Ersten Weltkrieg) Geld an andere (Staaten) bezahlen muss, um verursachte Schäden wieder reparieren zu können.

Warum empfanden die deutsche Regierung und das deutsche Volk die Friedensbedingungen des Versailler Vertrages als ungerecht?

- *Deutschland wurde bei den Friedensverhandlungen nicht gefragt und hinzugezogen.*
- *bei der Nichtanerkennung der Friedensbedingungen durch Deutschland drohten die Alliierten mit einer Weiterführung des Krieges und der Seeblockade.*

Erkläre den Begriff „Währungsreform“. *Der Wert einer alten Währung wird durch den Wert einer neuen Währung ausgetauscht. Hierzu legt der Staat per Gesetz fest, wie viel Geld jeder beim Umtausch der alten in die neue Währung erhält.*	**Nenne einen anderen Begriff für „Inflation“.**  *Geldentwertung*	**Was bedeutet „Weltwirtschaftskrise“?** *Wenn die Wirtschaft nicht nur eines Staates nachlässt und damit zwangsläufig die Arbeitslosigkeit steigt, sondern dieser Zustand auf viele Staaten in der Welt fast gleichzeitig stattfindet.*
Erkläre den Begriff „Entmilitarisierung“. *Wenn sich in einem Gebiet kein Militär (Soldaten und Kriegswaffen) befinden dürfen.*	**Wie lautete die Abkürzung der Nationalsozialistischen deutschen Arbeiterpartei?** *NSDAP*	**Wie hieß der Führer der NSDAP, der als Diktator Deutschlands den Zweiten Weltkrieg auslöste?** *Adolf Hitler*
Wie lautete der vollständige Name für die NSDAP? *Nationalsozialistische deutsche Arbeiterpartei*	**Warum wählten zwischen 1928 und 1933 immer mehr Menschen die NSDAP? Nenne Gründe.** • *es gab immer mehr Arbeitslose* • *die Menschen waren mit den alten Parteien unzufrieden* • *sie glaubten an die Versprechen der NSDAP*	**In welchem Jahr begann die Hitlerdiktatur in Deutschland?** *1933 – genau am 30.01.1933*

Was ist die Bedeutung von einer „Diktatur“? *In einer Diktatur herrscht eine oder herrschen mehrere Personen allein über das gesamte Volk. In der Regel lebt das Volk in einer Diktatur in Angst und Furcht vor der Gewalt der Herrschenden.*	**Was waren die Vernichtungslager im „Dritten Reich“?** *Die Vernichtungslager während des „Dritten Reiches“ waren besondere Konzentrationslager im Gebiet des besetzten Polen, in denen die Menschen massenweise in Gaskammern ermordet und anschließend verbrannt wurden.*	**Was geschah am 09. November 1938 in der sogenannten Reichspogromnacht (auch „Reichskristallnacht“ genannt)?** *In der Nacht vom 9. auf den 10. November wurden von den Nationalsozialisten in ganz Deutschland Überfälle auf jüdische Bürger, Geschäfte und Synagogen verübt. Jüdische Bürger wurden verhaftet, ihre Geschäfte geplündert, zerstört und Synagogen in Brand gesteckt.*
Welches Symbol verwendeten die Nationalsozialisten (Nazis) für ihre Parteiabzeichen und Fahnen? *ein Hakenkreuz*	**Welches Gesetz erzwang Adolf Hitler vom Reichstag im März 1933 unter der Androhung eines Bürgerkrieges in Deutschland?** *Ermächtigungsgesetz*	**Was erlaubte das Ermächtigungsgesetz den Nationalsozialisten beziehungsweise Adolf Hitler als Reichskanzler?** *Er konnte Gesetze ohne Zustimmung des Reichstages (Parlamentes) erlassen.*
Welches hohe Staatsamt erhielt Adolf Hitler am 30.01.1933? *Er wurde Reichskanzler der Weimarer Republik (Deutsches Reich).*	**Was erließ Adolf Hitler als eine seiner ersten Maßnahmen, damit die NSDAP allein regieren konnte?** *Andere Parteien wurden verboten. (Die NSDAP war die einzige Partei, die dann erlaubt war.)*	**Wie hießen die Jugendorganisationen der Nationalsozialisten, in der die Kinder und Jugendlichen auf die Politik der Nazis eingeschworen wurden?** *Jungvolk* *HJ – Hitlerjugend* *BDM – Bund Deutscher Mädel*

Was versprachen die Nationalsozialisten den Wählern in Bezug auf den Versailler Vertrag? *Dass der Vertrag rückgängig gemacht wird.*	**Was unternahm Hitler, als der alte Reichskanzler Paul von Hindenburg am 2. August 1934 gestorben war?** *Er vereinigte die Ämter des Reichskanzlers und des Reichspräsidenten auf seine Person. Damit übernahm er auch den Oberbefehl über die Wehrmacht.*	**Was passierte mit den Menschen, die der Politik der Nationalsozialisten kritisch gegenüber standen?** *Sie wurden verfolgt, verhaftet und viele hingerichtet.*
Welche Bevölkerungsgruppe hatte nach der Machtergreifung der Nationalsozialisten besonders zu leiden? *die Juden*	**Was passierte mit den Juden in Deutschland und Europa während des Zweiten Weltkrieges, die von den Deutschen gefasst wurden?** *Sie wurden verhaftet, in Konzentrationslagern interniert und millionenfach ermordet.*	**Was bedeutete die Abkürzung „KZ“?** *Konzentrationslager*
Welche Personen wurden von den Deutschen in den Konzentrationslagern interniert? • *Juden* • *politische Gegner (Kommunisten, Sozialisten)* • *Sinti und Roma (Zigeuner)* • *Homosexuelle* • *im Prinzip jeder, der nicht in die Weltanschauung der Nationalsozialisten passte*	**Nenne Beispiele, wer von den Nationalsozialisten während des "Dritten Reiches" verfolgt wurde.** • *Juden* • *Politische Gegner (Kommunisten, Sozialisten)* • *Sinti und Roma (Zigeuner)* • *Kritische Kirchenvertreter* • *Kranke und Behinderte*	**Welche Gebiete/Länder wurden bis zum August 1939 an das Deutsche Reich angegliedert? Nenne drei Beispiele.** • *Saargebiet (1935)* • *Österreich (März 1938)* • *Sudentenland (Sept. 1938)* • *Tschechien (März 1939)* • *Memelgebiet (März 1939)*

Mit welchem Ereignis begann der Zweite Weltkrieg?

Mit dem Überfall Deutschlands auf Polen (01. September 1939)

Wie sollte nach der Meinung von Adolf Hilter die Jugend im Dritten Reich erzogen werden?

Die Jugend sollte gewalttätig, herrisch, unerschrocken und grausam sein. Es durfte nichts Schwaches oder Zartes an ihr sein.

Mit welcher Großmacht hatte Deutschland kurz vor Beginn des Zweiten Weltkrieges einen Nichtangriffspakt geschlossen?

mit der Sowjetunion

Wann endete der Zweite Weltkrieg in Europa?

Am 08. Mai 1945 (mit der bedingungslosen Kapitulation Deutschlands)

Nenne die drei großen Siegermächte des Zweiten Weltkrieges.

USA, Großbritannien, Sowjetunion

In wie viele Besatzungszonen wurde das besiegte Deutschland aufgeteilt?

vier

Zähle die vier Länder auf, die Deutschland nach dem Zweiten Weltkrieg in vier Besatzungszonen aufteilten.

USA, Großbritannien, Sowjetunion, Frankreich

Welche beiden europäischen Staatsmänner überwanden den jahrhundertelangen Hass zwischen zwei wichtigen europäischen Staaten?

Charles de Gaulle und Konrad Adenauer

Welcher europäische Staatsmann kämpfte während des Ersten Weltkrieges auf deutscher und des Zweiten Weltkrieges auf französischer Seite? Für welche heute wichtige Organisation wird er gern als deren geistiger „Vater“ bezeichnet?

Robert Schuman

Europäische Union (Europäische Gemeinschaft, ursprünglich Montan-Union)

Tipps – Medienempfehlungen – Internetadressen
Literatur- und Quellenverzeichnis

Tipps – Medienempfehlungen – Internetadressen

Filme:

- Merry Christmas, (Nord Ouest Production, Senator Film 2005) → Weihnachten an der Front
- Im Westen nichts Neues, (Universal Pictures 2005) → Erster Weltkrieg, Erfahrungen an der Westfront
- NAPOLA – Elite für den Führer, (Olga Film 2004) → Jugenderziehung im Dritten Reich
- Sophie Scholl, (2005) → studentischer Widerstand gegen Hitler
- Nicht alle waren Mörder, (Warner Home Video 2006) → Judenverfolgung in Deutschland
- Hitlerjunge Salomon, (Euro Video 1989) → wahre Geschichte zum Schicksal eines jüdischen Jungen
- Die Hölle von Verdun → Eindrucksvoller Film mit Spielszenen und Dokumentaraufnahmen zu Verdun, erzählt wird die Geschichte von realen Personen auf deutscher und französischer Seite
- Feindliche Waffenbrüder → Spielfilm zum Thema Erster Weltkrieg, gegen Ende des Krieges stehen sich kriegsmüde Soldaten gegenüber
- Der Erste Weltkrieg → Serie in fünf Teilen (Mythos Tannenberg, der Gaskrieg, Schlacht um Verdun, Schlachtfeld Heimat, Trauma Versailles)
- Serie ZDF-History → der Zweite Weltkrieg

Bücher:

- Richter, Hans Peter: Damals war es Friedrich, dtv-Jugendtaschenbuch
- Kerr, Judith: Als Hitler das rosa Kaninchen stahl, RTB Zeitgeschichte
- Frank, Anne: Das Tagebuch der Anne Frank, Fischer Taschenbuch
- Eggert, Jens: Alfred Nobel, Sophie Scholl Co., Persen Verlag
- Eggert, Jens: EU – Nato – UNO, Persen Verlag

Internetadressen:

Auf einigen Seiten gibt es Hinweise/Aufgaben zu interessanten Internetseiten. Somit erhalten Ihre Schülerinnen und Schüler die Möglichkeit, sich eigenständig Informationen aus dem Internet zu beschaffen. Hinweis: Da im Internet häufig „Umzüge" und damit verbundene Adressänderungen stattfinden, kann es möglich sein, dass ein Verweis nicht mehr funktioniert. Meist können Sie aber dann durch eine alternative Suche über Suchmaschinen (z.B. google, yahoo ...) zu Stichwörtern ans Ziel gelangen.

- www.dhm.de
- www.dhm.de/lemo/
- www.wikipedia.de
- www.versailler-vertrag.de/vv-i.htm
- www.preussen-chronik.de
- www.zdf.de/ZDFmediathek
- www.ww1-propaganda-cards.com

Medieninfo zu Serien: http://www.arte.tv/de/Der-Erste-Weltkrieg/587088.html
Medieninfo zu Beiträgen des ZDF: http://www.zdf.de/ZDFmediathek

Literatur- und Quellenverzeichnis

- Damals und heute 3, Geschichte für Volksschulen, Ernst Klett Verlag Stuttgart 1967
- dtv-Atlas zur Weltgeschichte, von der Französischen Revolution bis zur Gegenwart, Band 2
- Ebeling/Birkenfeld: Die Reise in die Vergangenheit, Band 4, Westermann, Lehrerausgabe, Braunschweig 1978
- Geschichtliche Weltkunde, Band 3, Diesterweg, Frankfurt 1976
- Schmidt-Liebich, Jochen: Deutsche Geschichte in Daten, Band 2: 1770-1918, dtv
- Schwandner, Geschichte, 9. Jahrgangsstufe, Oldenbourg Verlag München 1973
- Spiegel der Zeiten, Band 3, Diesterweg, Frankfurt-Berlin-München 1970
- Steinbügl, Geschichte IV Neueste Zeit, R. Oldenbourg Verlag, München 1973
- Unser Jahrhundert im Bild, Bertelsmann Lexikon-Verlag,Gütersloh 1974

Punkte/Notentabelle

Note	Punkte																													
1	20	21	22	23	24	25	26	27	28	29	30	31	32	33	34	35	36	37	38	39	40	41	42	43	44	45	46	47	48	49	50
1-	19	20	21	22	23	24	25	26	27	28	29	30	31	32	33	34	35	36	37	38	39	40	41	42	43	44	45	46	47	48	49
1-2	18	19	20	21	22	23	24	25	26	27	28	29	30	31	32	33	34	35	36	37	38	39	40	41	41/42	42/43	44	45	46	47	48
2+	17	18	19	20	21	22	23	24	25	26	27	28	29	30	31	32	33	34	35	36	37	37/38	38/39	39/40	39/40	40/41	42/43	43/44	44/45	46/45	47
2	16	17	18	19	20	21	22	23	24	25	26	27	28	29	30	31	32	33	34	34/35	35/36	35/36	36/37	37/38	37/38	38/39	40/41	41/42	42/43	44/43	46/45
2-	15	16	17	18	19	20	21	22	23	24	25	26	27	28	29	30	31	31/32	32/33	32/33	33/34	33/34	34/35	35-36	35-36	36/37	38/39	39/40	40/41	42/41	44/43
2-3	14	15	16	17	18	19	20	21	22	23	24	25	26	27	28	28/29	29/30	29/30	30/31	30/31	31/32	31/32	32/33	33/34	33/34	34/35	36/37	37/38	38/39	40/39	42/41
3+	13	14	15	16	17	18	19	20	21	22	23	24	25	25/26	26/27	26/27	27/28	27/28	28/29	28/29	29/30	29/30	30/31	31/32	31/32	32/33	34/35	35/36	36/37	38/37	40/39
3	12	13	14	15	16	17	18	19	20	21	22	22/23	23/24	23/24	24/25	24/25	25/26	25/26	26/27	26/27	27/28	27/28	28/29	29/30	29/30	30/31	32/33	33/34	34/35	36/35	38/37
3-	11	12	13	14	15	16	17	18	19	20	20/21	20/21	21/22	21/22	22/23	22/23	23/24	23/24	24/25	24/25	25/26	25/26	26/27	27/28	27/28	28/29	30/31	31/32	32/33	34/33	34-36
3-4	10	11	12	13	14	15	16	17	18	18/19	18/19	18/19	19/20	19/20	20/21	20/21	21/22	21/22	22/23	22/23	23/24	23/24	24/25	25/26	25/26	26/27	27-29	28-30	29-31	32-29	30-33
4+	9	10	11	12	13	14	15	16	16/17	16/17	16/17	16/17	17/18	17/18	18/19	18/19	19/20	19/20	20/21	20/21	21/22	21/22	22/23	23/24	23/24	24/25	24-26	25-27	26-28	28-26	29-27
4	8	9	10	11	12	13	13/14	14/15	14/15	14/15	14/15	14/15	15/16	15/16	16/17	16/17	17/18	17/18	18/19	18/19	19/20	19/20	20/21	21/22	21/22	22/23	22/23	23/24	24/25	24/25	25/26
4-	7	8	9	10	11	12	12/13	12/13	12/13	12/13	12/13	12/13	13/14	13/14	14/15	14-15	15-16	15-16	16/17	16/17	16-18	16-18	17-20	19/20	19/20	19-21	19-21	20-22	20-23	20-23	20-23
4-5	6	7	8	9	10	10/11	10/11	10/11	10/11	10/11	10/11	10/11	11/12	11/12	12/13	12/13	13-14	13-14	13-15	13-15	13-15	13-15	13-16	15-18	15-18	15-18	15-18	16-19	16-19	16-19	16-19
5+	5	6	7	8	8/9	8/9	8/9	8/9	8/9	8/9	8/9	8/9	9/10	9/10	9-11	10/11	10-12	10-12	10-12	10-12	10-12	10-12	10-12	11-14	11-14	11-14	11-14	12-15	12-15	12-15	12-15
5	4	5	6	6/7	6/7	6/7	6/7	6/7	6/7	6/7	6/7	6/7	7/8	7/8	6-8	7-9	7-9	7-9	7-9	7-9	7-9	7-9	7-9	7-10	7-10	7-10	7-10	8-11	8-11	8-11	8-11
5-	3	4	4/5	4/5	4/5	4/5	4/5	4/5	4/5	4/5	4/5	4/5	5/6	5/6	4/5	4-6	4-6	4-6	4-6	4-6	4-6	4-6	4-6	4-6	4-6	4-6	4-6	4-7	4-7	4-7	4-7
5-6	2	2/3	2/3	2/3	2/3	2/3	2/3	2/3	2/3	2/3	2/3	2/3	3/4	3/4	2/3	2/3	2/3	2/3	2/3	2/3	2/3	2/3	2/3	2/3	2/3	2/3	2/3	2/3	2/3	2/3	2/3
6+	1	1	1	1	1	1	1	1	1	1	1	1	1/2	1/2	1	1	1	1	1	1	1	1	1	1	1	1	1	1	1	1	1
6	0	0	0	0	0	0	0	0	0	0	0	0	0	0	0	0	0	0	0	0	0	0	0	0	0	0	0	0	0	0	0